Schicksalsjahre im Schwarzwald
Ein nicht selbstbestimmtes Leben

Erika Ebner

Schicksalsjahre im Schwarzwald

Ein nicht selbstbestimmtes Leben

von

Erika Ebner

Impressum

Copyright: Erika Ebner, 2022

ISBN: 9783757 807 184

Redaktion: Buchschreiberlinge, A. Vones
schreiberlinge@avtp.de
Fotos: privat

Covergestaltung: avtp

Transkriptionen: Sonja Passon
Weitere Mitwirkende: Jürgen Ebner

Herausgeberin: Erika Ebner,
79244 Münstertal, Rotenbuck 5
Herstellung und Verlag: BoD - Books on
Demand, Norderstedt

Die Deutsche Nationalbibliothek
verzeichnet diese Publikation in der
Deutschen Nationalbibliografie

Inhaltsverzeichnis

„*Am Ende des Tages können wir viel mehr ertragen, als wir vorher glaubten*"

Frida Kahlo

Stille in der Bäckerei

Das Aroma von frisch gebackenem Brot und die Düfte verschiedenster Zutaten zum Kuchenbacken begleiten mich nun schon 55 Jahre. Seit meinem 15. Lebensjahr bin ich im Bäckereigewerbe tätig. Es war jedoch keine Berufung, zumal ich nicht Bäckerin, sondern Einzelhandelskauffrau lernte.

Meinen Berufs- und Lebensweg habe ich mir nicht ausgesucht. Es ergab sich ein Weg ohne Kreuzung, um eine andere Richtung einschlagen zu können.

Geboren im Markgräflerland, wo ich meine Kindheit verbrachte, heiratete ich „mitten hinein" in den benachbarten Schwarzwald. Durch die Heirat wohne und arbeite ich seit meinem 22. Lebensjahr bei meinem Ehemann in Münstertal, der mir seinerzeit eine außergewöhnliche Partnerschaft in Form eines ebenso ungewöhnlichen Antrags offerierte. In der damals ohnehin schwierigen Epoche erlebte ich keine sorglosen Kinderjahre und eine flotte Zeit als Teenager schon gar nicht. Das genaue Gegenteil war der Fall. In meiner Heimat widerfuhr mir als junges Mädchen das Widerwärtigste, was man(n) Menschen antun kann und als junge Frau das Grausamste, was einer Mutter passieren kann.

I

Dabei handelte es sich aber nur um die schlimmen Höhepunkte meines Lebens, das mir selten lebenswert erschien.

Seit meiner Kindheit wurde ich immer wieder auf Pfade gelenkt, die ich mir selbst nicht ausgesucht habe. 70 Jahre geht das schon so. Es verwundert mich im Rückblick, dass ich nicht nur immer noch im Backgewerbe arbeite, sondern vor 48 Jahren sogar einen Bäcker heiratete und den sicheren Hafen einer Angestellten verließ, um fortan als Unternehmerin an der Seite meines Mannes tätig zu werden.

Vieles habe ich von jeher verdrängt, darüber zu sprechen fiel mir stets so schwer, dass ich es bisher niemals aussprach. Und genau das war die Motivation meines Sohnes Jürgen, mir das Schreiben mit der Veröffentlichung meines Buches zu raten und als Geschenk zu ermöglichen. Es war ein guter Plan, denn aufschreiben geht leichter und dabei kann ich die Geschehnisse zu Papier bringen, die bislang noch niemand erfuhr. Vielleicht hilft es mir, endlich damit abzuschließen.

Andererseits kann meine Lebensgeschichte auch all jene unterstützen, die Ähnliches erlebten und ihnen mitteilen:

2

Du bist nicht alleine. Anderen Menschen sollen die Zeilen eine Botschaft vermitteln: Dir geht es gut und besser als vielen Leuten, obwohl es dir nicht so erscheint. Es ist immer eine Frage des Vergleichs.

Um alle Gedanken einzufangen und relevante Ereignisse aufzuschreiben, habe ich mir den passenden Platz in unserem Betrieb ausgesucht. Seitlich hinten in der Backstube, etwas versteckt, lädt ein kleiner Raum unsere Mitarbeitenden zur Pause ein und wird von mir nicht selten als improvisiertes Büro genutzt. Dort begann ich meine Lebensjahre Revue passieren zu lassen und betrachtete manche Ereignisse genauer als zuvor. Dabei entstand ein Berg von Notizen.

Sonntags ist der Arbeitstag in der Bäckerei vormittags um 9 Uhr vorbei und von angenehmen Gerüchen begleitet wurde es ein idealer Ort, um mich in der wöchentlich wiederkehrenden Stille so detailliert wie möglich zu erinnern und meine Erlebnisse zu notieren. Werktags ist stets arg viel zu tun und zu bedenken, dass mir keine freie Minute bleibt, was jedoch für mein Seelenheil gut ist.

Ablenkung mit Verdrängung aller bösen Gedanken an früher ist für mich überlebenswichtig. Überhaupt hatte ich in all den Jahrzehnten nie Zeit für Rückblicke oder um Ereignisse zu verarbeiten, was auch immer das genau bedeutet.

Dieses Buch soll mir nicht nur dabei helfen, endlich ein abscheuliches Verbrechen an mir zu erzählen, sondern endlich einmal alle grausamen Schicksalsschläge mitzuteilen, um sie dann für immer wegzuschließen. Ob das so einfach ist, wird sich zeigen.

Die Bedeutung des oft im Zusammenhang mit dramatischen Ereignissen verwendeten Verbs „verarbeiten" ist mir jedoch noch nicht klar. Bedeutet „verarbeiten" etwas zu akzeptieren oder zu lernen, es hinzunehmen?

Vielleicht ist damit auch gemeint, etwas vergessen zu können, die böse Erinnerung also weit und fern der täglichen Gedanken abzulegen und bestenfalls niemals wieder hervorzuholen? Weder das eine noch das andere gelang mir bisher. Die Umstände und Ereignisse waren und sind unabänderlich. Was geschehen ist, ist geschehen.

Wir alle müssen nicht umkehrbare Ereignisse hinnehmen, aber die Ausmaße bleiben für mich unvergesslich und werden lediglich kurzzeitig von anderen Gedanken verschüttet. Um das zu erreichen, häufe ich zu erledigende Arbeiten an.

Zwangsläufig tauchen sie aber immer wieder aus ihrer Deckung auf. Ich weiß nicht, was „verarbeiten" beinhaltet.
Die Ereignisse lassen sich nicht ungeschehen machen. Mir wurde mehrmals geraten eine Therapie zu machen und Fachleute zu konsultieren. Aber was sollte das Resultat sein? Endlich all das Schlimme mit der Erkenntnis zu „verarbeiten", dass es passiert ist und mich trotzdem immerdar quält? Die Ereignisse werden mich immer malträtieren und bleiben unvergesslich.
Letztendlich haben sie mein gesamtes Leben entscheidend beeinflusst. Jahrein und jahraus, Monat für Monat, an jedem Tag einer jeden Woche kommt die eine oder andere böse Erinnerung zurück, manchmal auch erbarmungslos alle zusammen. Und was dann? Wenn all die Akzeptanz mit dem „Verarbeiten" nichts nutzt, was macht man in solchen Fällen? Ich habe mich dem Rat meines Sohnes folgend dafür entschieden, dieses Buch zu schreiben.

Jedes Leben hat einen Anfang und ein Ende, das ist mit Büchern nicht anders und am besten beginne ich mit meinen ersten Lebensjahren.

Im Arm meiner Mutter Luise

Geboren in großer Not

Die Zeiten haben sich seit meiner Kindheit in vielen Bereichen gewandelt, besonders technisch und medizinisch. Zwischenmenschlich und gesellschaftlich erscheint mir jedoch heute manches noch so wie damals, als ich am 9. Januar 1952 nicht nur mitten hinein in das zerbombte Deutschland geboren wurde, sondern in die dörfliche, religiös geprägte Gesellschaft des Markgräflerlands, wo nicht nur der Wald schwarz und düster war.

Mein Geburtsort Auggen liegt im Markgräflerland am Rande des Schwarzwalds. Die Region grenzt im Westen an Frankreich und im Süden an die Schweiz. Doch Kontakte zu den Nachbarn gab es kaum und bis heute hat sich kein französischer oder Schweizer Lebensstil über die Grenzen eingeschlichen. Man blieb und bleibt lieber unter sich. In Auggen, Müllheim, Schliengen oder später auch im Münstertal wurden sogar Leute aus den naheliegenden Städten Lörrach, Weil am Rhein oder aus dem Breisgau als zugereiste Fremde argwöhnisch betrachtet.

Selbst die Höhenunterschiede machten aus Einheimischen kurzerhand „die von oben" oder umgekehrt „welche von unten." Eine goldene Mitte ist schwer zu bestimmen.

Die Abgeschiedenheit meiner Heimat, ohne nennenswerte Industrie, trug dazu bei, dass die Region nicht im Bombenhagel des Weltkriegs verdampfte, wie so viele andere Städte und Gebiete. Hitler hatte zwar auch im Hochschwarzwald eine Basis, die „Tannenberg" hieß, doch glücklicherweise kam er nur einmal zur Einweihung im Jahr 1940 und dann nie wieder.

Meine Eltern erlebten die Auswirkungen des verheerenden zweiten Weltkriegs und ich habe den Eindruck, noch immer lernten die Leute nichts aus der Vergangenheit. Wieder ist ein Krieg in Europa entbrannt und erneut sterben Menschen, Kinder verlieren ihre Väter und Frauen müssen alleine für das Überleben der Familie sorgen. Heute werden alleinstehende Mütter zwar nicht mehr derart im Stich gelassen, wie zu Zeiten meiner Eltern, aber noch immer sind sie nicht uneingeschränkt gesellschaftlich angesehen.

Das Kriegsende machte trotz enormer Lebensleistungen nichts wirklich besser.

Frauen hatten keine Rechte, sondern nur Pflichten.

In der Ehe waren wir der männlichen Willkür ausgesetzt, aber ohne Trauschein durfte unsereins froh sein, von der Gesellschaft geduldet zu werden, was als alleinerziehende Mutter noch weniger der Fall war. Trotz ihrer schwierigen Lebenssituation packten insbesondere Frauen an. Sie wuselten sich und ihre verbliebenen Angehörigen aus manchem Schlamassel und sorgten für ein bemerkenswertes Vorankommen der jungen Republik.

Aber ob Schule, Bildung oder Beruf:
Zu meiner Zeit durften Frauen nichts selbst entscheiden, obwohl sie das Land überwiegend allein wieder aufbauten.
Sogar ein eigenes Bankkonto war ohne Erlaubnis des Gatten nicht gestattet.
Selten suchten sich Mädels den Mann eigenständig aus, noch seltener heirateten sie aus Liebe. Wurden sie dann endlich „unter die Haube" gebracht, waren damit keine nennenswerten Vorteile verbunden. Sie hatten vier Wände, litten meistens keinen Hunger mehr und das gesellschaftliche Ansehen stieg auf ein erträgliches Maß.

Hinter den Wohnungsfenstern spielten sich jedoch zahlreiche Dramen ab, von denen man „draußen" nichts wissen wollte.

Gleichberechtigung: Pustekuchen.

Wir „Weiber" gehörten an den Herd, durften die Kinder gebären und sollten unseren Männern in jedem Lebensbereich und zu jeder Stunde dienen. Davon abgesehen waren die Zeiten in den 50-er bis in die 60-er Jahre hinein armselig und schwierig. Ausreichend bezahlte Arbeit gab es selten. Sozialleistungen im heutigen Stil führte man erst viel später ein.
Zudem waren die meisten Häuser größtenteils zerstört, oftmals wohnte man in alten oder heruntergekommenen Bruchbuden und in provisorisch reparierten Wohnungen. Neubauten waren genauso wie manche Lebensmittel Mangelwaren. Das Elend war überall sichtbar.

Die Menschen lebten oft in Großfamilien auf engstem Raum und in ständiger Not.

All das fiel mir als Kind natürlich nicht auf und über vorenthaltene Rechte dachte ich nicht eine Sekunde lang nach.
Dafür hatte ich auch keinen Moment Zeit, denn ich durfte und konnte mich nur mit den vielen Aufgaben beschäfti-

gen, die mir meine Großmutter auftrug. Ungnädig und herrisch wie einst Kaiser Wilhelm hatte Wilhelmine das Kommando übernommen.

Meine Eltern Luise und Erich Winkler kamen vor lauter gering bezahlter Arbeit selten dazu, mit ihrer Tochter Zeit zu verbringen. Und auch sie trauten sich lange nicht, Luises Mutter zu widersprechen.

Von Kinderrechten war damals ohnehin keine Rede. Wir „Gören" hatten zu gehorchen. Das war ein ungeschriebenes Gesetz. Schläge als Strafe oder „Motivation" waren zu Hause, in der Schule oder beim Lehrherrn üblich. Da mischte sich niemand ein, ganz im Gegenteil, wer körperlich züchtigte, galt als „erziehungskompetent."

Somit ist es wenig verwunderlich, dass Kinder und Jugendliche damals nicht seltener, sondern häufiger als heute sexuell missbraucht wurden. Darüber wurde nicht gesprochen, geschweige denn Prozesse geführt. Auch den jeweiligen Berufsweg entschied einzig der Mann im Haus oder bei seiner Abwesenheit das „ranghöchste" Familienmitglied.

Früh begann das, was Erwachsene als den „Ernst des Lebens" bezeichnen. Eine klassische Kindheit erlebten die wenigsten. Sogar die Lebensjahre vor der Einschulung verliefen zumeist weder fröhlich noch sorglos. Wir mussten schon in jungen Jahren arbeiten, was weit über ein Helfen im Haushalt oder auf dem Bauernhof hinausging. Das Leben in Armut war knochenhart, voller Entbehrungen und ungerecht.

Sicherlich nicht für alle Menschen, denn jedes Leben verläuft anders, aber meine schrecklichen Erlebnisse prägten mich nachhaltig. Manchmal scheinen sie mich zu erdrücken und viel zu selten kann ich sie für kurze Zeit aus dem Kopf verbannen. Meine Kindheit hatte nichts mit glücklichen Jahren zu tun und als junge Frau erging es mir nicht besser.

Wenn man mir als Teenager gesagt hätte, ich würde mal einen Bäcker heiraten und später selbstständig arbeiten, die Läden führen und als Geschäftsführerin Verantwortung übernehmen, nein, was für ein Quatsch. Das war undenkbar.

„Nie heirate i` a Bäck! Und nie werd i selbstständig!", lautete mein fester Entschluss, als ich gezwungenermaßen als Teenager die Lehre zur Einzelhandelskauffrau im Bäckereigewerbe antrat.

Meine Großmutter, bestimmte Umstände und das Schicksal schubsten mich auf Pfade, die ich nicht selbst wählte.

Diese „Schubserei" begann mit meiner Geburt und war über all die Jahre mit Leid, Kummer und mit Schmerzen verbunden. Heute weiß ich, dass es meiner Mutter nicht besser erging.

Meinen Vater lernte sie bei ihrer Arbeit im Gasthaus „Rebstock" kennen, wo er als Soldat mit einem Kameraden einquartiert war. Sie verliebte sich aber zunächst nicht in meinen späteren Papa, sondern in seinen feschen Freund. Mit ihm verlobte sie sich, doch ausgerechnet in den letzten Kriegstagen musste er nochmals an die Front und kam nicht zurück. Das war ein grausamer Schicksalsschlag für sie.

Sein Gefährte hatte mehr Glück und kam unverletzt nach Hause. Erich tröstete Luise und es entwickelte sich eine gegenseitige Zuneigung die zur Hochzeit führte. Das junge Paar kam dann irgendwie mehr schlecht als recht über die Runden, so wie viele andere Pärchen auch.

Erst später erfuhr ich, dass mein Vater körperlich unversehrt unter seelischen Qualen litt. Nicht nur wegen seiner Erlebnisse an der Front, sondern weil seine Stiefmutter alles, was ihm gehörte, verbittert weggeworfen hatte. Davon überzeugt, er würde nicht nach Hause zurückkehren, hatte sie alles entsorgt. Er besaß nichts mehr. Keine Hose, kein Hemd, keinen Mantel, all seine Sachen waren auf dem Müll gelandet oder verschenkt worden. Sogar die Dinge aus seiner Kindheit. Das hat er ihr nie verziehen. Seine richtige Mutter, zu der er immer einen herzlichen Kontakt pflegte, konnte es nicht verhindern. Sie erfuhr es zu spät.

Mein Vater wurde in Konstanz als uneheliches Kind geboren, was damals als unmoralisch galt. Kindergeld oder staatliche Unterstützung war noch nicht eingeführt. Als alleinerziehende Achtzehnjährige, die jeden Tag zehn Stunden arbeiten musste, konnte sie ihren Jungen nicht alleine aufziehen. Schweren Herzens gab sie Erich zur Adoption frei. Ihr Sohn blieb jedoch im weitesten Sinne in der Familie, denn ein Cousin, dessen Ehefrau keine Kinder gebären konnte, nahm ihn auf. Für meinen Vater war das vermutlich besser, doch für seine richtige Mutti, die später meine Omi Knobloch in Konstanz wurde, muss es schlimm gewesen sein. Keine Mutter gibt ihr Kind gerne weg. Meine jungen Jahre verliefen anders, aber ebenso glücklos.

Schon als kleines Mädchen habe ich unter der strengen Aufsicht meiner Großmutter hart arbeiten müssen. Oft gab es Schläge, wenn ich nicht schnell oder nicht „gut" genug meine Aufgaben erledigte. Manchmal jedoch durfte ich sonntags spielen. Diese seltenen Augenblicke habe ich alle abgespeichert.

Leider auch die grausamen Stunden.

Bereits in meinen ersten Lebensjahren musste ich lernen, dass eine Krankheit zu den schlimmsten aller Übel zählte und noch dramatischer war es, wenn man schon in jungen Jahren unheilbar erkrankte. So erging es meiner Tante. Als Jugendliche bekam sie Multiple Sklerose und ich erinnere mich an Erna lediglich als schwerkranke junge Frau. Sie war nicht krankenversichert, denn nur wer Arbeit hatte, genoss eine Versicherung.
Lange bevor ich rechnen konnte, wurde ich mit dem finanziellen Aspekt ihrer Erkrankung konfrontiert und lernte, dass arme Menschen keinesfalls krank werden dürfen. Die Arztrechnungen summierten sich in stattlicher Höhe. An eine Pflegekraft oder einen Klinikaufenthalt war nicht zu denken. Das konnte sie sich ebenso wenig leisten wie ihre Mutter Wilhelmine oder Ernas Schwester. Meine Großmutter war Witwe und somit gab es

kein Geld vom Ehemann. Daher musste mein Vater als Ehepartner von Ernas Schwester im Straßenbau arbeiten, wo er mehr verdiente als mit unserer überschaubaren Agrar- und Viehwirtschaft.

Alles nur für Erna. Mein kindliches Gemüt empfand das oft als unfair. Wegen ihr hatte mein Vater wenig Zeit für mich und ich sollte mich ständig um sie kümmern. Ob Tag oder Nacht, immer wenn Erna etwas wollte, sei es zu trinken, zu essen oder auf den Topf, musste ich ebenso ran wie auf unserem bescheidenen Bauernhof. Zwölf Hühner, drei Kühe, zwei Schweine, ein kleiner Weinberg mit Reben, der Garten und das Feld, alles entfernt vom Hof verstreut, reichte uns zum Leben, doch damit war auch viel Arbeit verbunden. Unser Haus war nicht groß, aber immerhin hatten wir eins. Für mich war die Enge lange Zeit übel, denn ich musste im kleinen Zimmer meiner kranken Patentante schlafen.

Während meine Gedanken in der Vergangenheit kramen, nippe ich am heißen Kaffee und entdecke beim Blick in die leere Backstube Eier, die unsere Bäcker nicht im Kühlregal deponierten. Sofort wühlt sich eine böse Erinnerung in den Vordergrund, denn Hühner spielten in meiner Kindheit eine wesentliche Rolle. Sie zu füttern und die Eier zu holen, gehörte zu meinen Aufgaben als Kind und ich durfte natürlich keines fallen lassen oder vergessen. Wilhelmine kontrollierte alles und ihre Dominanz entwickelte sich ins Unerträgliche. Umso schlimmer erschien es mir als Mädchen von vier Jahren, als meine Mutter einige Wochen ins Krankenhaus musste. Sie hatte Nierentuberkulose und es sah nicht gut aus für sie. Das war ein derart einschneidendes Erlebnis, dass sich das Datum in meinem Kopf förmlich einbrannte. *Foto: Trügerische Harmonie, Großmutter Wilhelmine mit mir im Garten.*

Mir fehlte meine Mutter sehr, aber meiner Oma wohl ebenfalls. Nicht aus Fürsorge, sondern weil sie plötzlich alles alleine machen musste. Um sich nicht auch noch um mich kümmern zu müssen, sperrte sie mich kurzerhand in den Hühnerhof, der durch einen Drahtzaun abgegrenzt war. Vor dem Hahn hatte ich Bammel, das war ein aggressives Mistvieh und kaum zu bändigen. Ich weiß nicht mehr, ob der Gockel einen Namen hatte, aber ich erinnere mich gut daran, dass mein Vater den Zaun erhöhte, weil der Herrscher aller Hennen auf den Kopf unserer Nachbarin im angrenzenden Garten flog, wenn sie dort arbeitete. Als auch der höhere Draht nichts nutzte, stutzte er ihm die Flügel. Nun konnte der Hahn nur noch wild flattern, aber nicht mehr fliegen.

Wenn meine Großmutter mich beim Geflügel „parkte", wurde mir schnell langweilig. Der gestutzte Hühnerboss störte sich nicht an mir. Vermutlich nahm er mich gar nicht für „voll."

Vor lauter Langeweile wusch ich mit dem Wasser der Federviehtränke meine Haare was ich für eine tolle Idee hielt.

Die von einer Tracht Prügel begleitete Prozedur zur Säuberung meiner mit Mist und Matsch verdreckten, erbärmlich stinkenden Mähne bleibt unvergesslich.

Mein Vater verstand das jedoch als un-ausgesprochene Aufforderung. Noch am selben Tag baute er einen Hühnerstall. Handwerklich geschickt wurde die neue Geflügel-Unterkunft super, mit einer Holzwand voller Fenster und einer richti-gen Tür. Nun konnten die Viecher bei Schneefall trocken untergebracht über-wintern und im Sommer raus gelassen werden. Ich war echt stolz auf seine Baukunst.

Überhaupt war mein Vater im Garten, auf dem Acker und im Umgang mit Werkzeug talentiert. Zudem konnte er die Früchte eines Baums miteinander kreuzen. Gelernt hatte er das als junger Mann im städtischen Weinbau. Mit sei-nem Handwerkstalent half er auch allen Nachbarn, weshalb er sehr beliebt war. Was auch immer er anpackte, es wurde was Gutes daraus.

Mit ihm alleine, ohne seine Schwieger-mutter, verbrachten wir tolle Stunden zusammen und spielerisch lernte ich einiges von ihm. Wenn die „olle Hexe" nicht zu sehen oder zu hören war, schien die Welt in Ordnung zu sein.

Das neue Hühnerhaus gefiel mir so gut, dass ich gerne hinein wollte. Es war etwas ganz anderes als der Drahtzaun im Hof oder der alte Hühnerschuppen, wo die gackernde Schar den Winter verbrachte, um nicht zu erfrieren.

Als ich erstmals im neuen Stall zwischen Mist, Körnern und Dreck zufrieden auf dem Hühnerbalken das gefiederte Treiben beobachtete, bedachte ich nicht, dass man die Tür nur von außen öffnen konnte. Ich hatte mich eingeschlossen und wurde nach kurzer Zeit von den Gasen der Pipi und des Kots bewusstlos. Es war eher einem Zufall als gezieltem Nachschauen zu verdanken, dass ich älter als die Hühner geworden bin.

Selbstverständlich gab Großmutter mir die Schuld. Das sieht doch jeder, dass man von innen nicht auf- oder zuschließen kann. Ne, ich habe das als kleines Mädchen nicht gewusst und natürlich nicht darüber nachgedacht. Ist man drin, wird man auch wieder rauskommen, oder?

Wilhelmine war ein verbitterter, bösartiger Mensch, das ist gewiss. Ein Kind empfand sie als Last, zumindest solange es nicht hart mitarbeiten konnte. Aber auch dann gab es niemals ein Lob, keine aufmunternden Worte, sondern nur Schelte, Ohrfeigen, an den Haaren ziehen oder Schläge auf den Hintern, tagein und tagaus. Auch als mich ein Huhn beim Eierholen so heftig in die Hand pickte, dass ich wochenlang mit einer Wunde zu tun hatte, schonte sie mich nicht. Kein Wort des Trostes kam über ihre Lippen. Es hagelte nur Vorwürfe, ich sei wohl zu allem zu dumm.

Niemand konnte es ihr Recht machen.
Ich denke nicht, dass sie sich mit mehr Geld in der Tasche anders verhalten hätte, obwohl dieser Mangel immer das größte Problem bei uns war. Wir hatten damals weder einen Traktor noch automatische Geräte für die Feldarbeit.

Unsere Kühe mussten den Pferdekarren mit Pflug, Egge und allem, was man brauchte, jedes Mal zum Feld schleppen, das ja nicht in der Nähe unseres Hauses lag. Bergauf wurde der Karren zur Unterstützung geschoben, denn die Tiere durften nicht überlastet werden, damit sie weiterhin Milch produzierten. Ging es jedoch bergab, durfte ich vorne auf dem Wagen sitzen, wenn es nicht zu steil war, denn dann mussten wir hinten als Bremser ziehen.

Mit sieben fand ich es auf dem Karren aufregend, einige Zeit später durfte ich auch das nicht mehr.

Unser Nutzvieh hatte ich ins Herz geschlossen. Kühe sind nicht dumm, sondern anhänglich und neugierig.
Jedes Jahr verkauften wir aber eine Kuh, die zum Schlachter kam. Als ich das begriff, war der Abschied für mich knallhart. Beim Blick in ihre großen Augen erkannte ich Furcht in ihnen, als ob sie wüssten, was passieren wird. Es wurden jedes Mal tränenreiche Abschiede. An die Abholung vom Schlachter habe ich mich nie gewöhnt. Immerhin hatte ich sie jeden Tag gefüttert, gemolken, gepflegt, mit ihnen gesprochen und den Stall ausgemistet. Jede von ihnen kannte mich und ich sie. Mir ging es erbärmlich, wenn eine zur Schlachtbank geführt wurde.

Mit den Schweinen war es noch schlimmer, denn die wurden direkt bei uns auf dem Hof abgemurkst und verarbeitet.

Wenn der Metzger die Halsschlagader aufschlitzte, spritzte eine Blutfontäne heraus und das rosa Tier quiekte im Todeskampf ohrenbetäubend, bis es endlich verstummte. Ich musste dann das Blut während des Köchelns umrühren. Stundenlang in einer widerlichen Dunstglocke. Der karge Raum mit den klebrigen Fliesen stank erbärmlich nach Blut und Verwesung. Das war nichts, was man einem Kind zumuten sollte. Die Wurst habe ich jedoch verspeist und dabei alles Erlebte mit dem Anblick des Schweins verdrängt. Wir mussten ja was essen und große Auswahl hatten wir nicht.

Im oberen Stockwerk des Hauses gab es eine Räucher- und eine Speicherkammer. Hinauf ging es über eine schmale, steile Stiege. Eines Tages im Winter passierte es:
Mein Vater schleppte Schinken und geräucherte Wurst hinunter, als er eine Stufe verfehlte und die Treppe hinabstürzte. Dabei brach er sich den Fuß. Eigentlich hatte er noch Glück, es hätte auch sein Genick oder die Wirbelsäule sein können. Es handelte sich aber um einen komplizierten Bruch und mein Vater musste in die Klinik nach Müllheim.
Alle hatten sorgenvolle Bedenken, ob die Verletzung heilt und er später wieder ohne Beschwerden gehen oder laufen kann. Die Sorgen übertrugen sich auf mich und sorgten für schlaflose Nächte:
Wird er wieder ganz gesund?

Meine Mutti nahm mich zweimal in der Woche mit, um ihn zu besuchen. Was für ein Marsch! Nur in einer Strumpfhose unter dem Rock und ohne winterfeste Schuhe marschierte ich mit ihr durch den Schnee von Auggen nach Müllheim. Meine Mutter nahm zwar eine trockene Strumpfhose für mich mit, die ich im Krankenhaus anzog, aber es blieb trotzdem eine Tortur für mich als Kind. Wenn es nicht mein Vater gewesen wäre, hätte ich bestimmt einen Aufstand gewagt.

Als ich mit ungefähr 8 Jahren für das Kinderbett zu groß wurde, kam es aber noch gruseliger, denn fortan nächtigte ich in Großmutters Bett. Mit ihr zusammen. Der reinste Horror.

Manchmal schenkten Besucher Erna am Krankenbett Schokolade. Davon gab sie mir immer ein Stück ab, da ließ sie sich nicht lumpen: Was für ein Genuss. Ohne es vom Fleck weg mit Heißhunger zu verschlingen, habe ich jedes noch so kleine Stück genossen. Wir hatten ja kein Geld und Süßigkeiten gab es nur von Besuchern oder zu Weihnachten. Zum Laden im Ort gingen wir selten, denn wir pflanzten alles selbst an, Kartoffeln, Getreide, Gemüse.

Nicht üppig, aber so ausreichend, dass wir meistens genug zu essen hatten.

Mich plagte neben den Widrigkeiten noch ein anderes Problem: Als Kind hatte ich Schwierigkeiten mit der Aussprache mancher Wörter. Ich lernte es nicht so schnell wie andere.

Unser Hausarzt begann nebenbei mit mir zu üben, wenn er nach seiner Patientin sah.

Seine Helferin hieß Kappes und es gelang mir einfach nicht, den Namen korrekt auszusprechen. Unser Doktor versprach mir Schokolade, wenn ich bei seiner nächsten Visite flüssig, ohne stottern „Kappes" sagen könnte. Das klappte und er hielt sein Versprechen.

Schokolade für mich, das war so wunderbar, dass ich mir stetig mehr Mühe gab und lernte, komplizierte Worte flüssig zu sprechen. Überhaupt bekam ich selten etwas Süßes. Naschen war purer Luxus. Trotzdem musste ich noch vor meiner Einschulung zum Zahnarzt.

An die Behandlung erinnere ich mich nicht genau, doch an den 6 Kilometer Marsch von Auggen durch den Wald bei Vögisheim und dann in die Innenstadt von Müllheim. Als Sechsjährige musste ich den Weg ganz alleine machen. Es war anstrengend und schauderhaft. Im Wald bin ich gerannt, weil der so unheimlich und dunkel war. Leider musste ich ja nicht nur anschließend nach Hause zurück, sondern sogar noch mal hin.

Meine Kindheit und spätere Jugend verbrachte ich als Arbeitskraft, sei es draußen auf dem Feld, in den Reben und bei den Tieren oder als Pflegekraft für meine Tante. Ich mistete den Schweinestall aus, pflegte und passte auf die Viecher auf, fütterte die Hühner und sammelte die Eier ein. Mit Gleichaltrigen bekam ich erst im Kindergarten Kontakt. Dort fühlte ich mich wohl und lernte Lisbeth aus unserer Nachbarschaft kennen. Wir verstanden uns vom ersten Tag an super und hatten viel Spaß zusammen, wenn ich sie samstags besuchen durfte.

Schmunzelnd erinnere ich mich daran, wie wir an einem eisigen Wintersonnabend bei minus zehn Grad durch den tiefen Schnee stapften und Schlitten fuhren. Es war bitterkalt, aber das machte uns nichts aus, obwohl wir nur Strumpfhosen, aber zum Glück feste Winterschuhe trugen.

Natürlich sind wir beim Toben öfter in den Schnee gefallen und nachmittags waren wir halb erfroren. Das Lachen ist uns trotzdem nicht vergangen. Zu Hause trockneten wir uns erst mal ab und zogen hübsche Trachtenkleider an. Ich durfte anschließend sogar noch mal zu Lisbeth, wo es Tee und Kuchen gab. Ich hatte zu der Zeit noch Sprachprobleme und konnte Wörter mit „g" oder „k" nicht richtig aussprechen, worüber Lisbeth noch heute lacht. Ich habe damals mit gelacht, es war wirklich urkomisch.

Auch nach der Einschulung wurden die Stunden mit Lisbeth zum Lichtblick eines jeden Tages, wobei der Schulbesuch meine Aufgaben zu Hause nicht schmälerte. Ganz im Gegenteil. Jährlich musste ich mehr arbeiten. Allein die Wegstrecke zum Feld war elendig lang. Ich erinnere mich ans anstrengende Ausstechen der Disteln. Meter für Meter auf den Knien, um das Unkraut zu entfernen.

Selbstverständlich gab es Tage, an denen ich überhaupt keine Lust dazu hatte. Immerhin war ich erst neun und musste wie eine Erwachsene arbeiten. Ich weiß noch, wie verführerisch der Kirschbaum in Nachbars Garten nah unserem Feld wirkte. Da hatte ich eine Idee und jätete dort ein wenig bis zum Baum und genoss dann unzählige köstliche Kirschen. Was für ein Fest! Zu Hause erzählte ich, drei Reihen fertiggemacht zu haben.

Großmutter grummelte in ihrer grauen Dauerschürze, dass eine vierte wohl noch machbar gewesen wäre.

Am nächsten Tag kontrollierte sie meine Ergebnisse. Oh weh! Es war ja nichts erledigt. Meine Ausrede, ich hätte wohl das Feld verwechselt, kam nicht gut an, denn da war das Unkraut auch nicht weg. Ohne weiteren Kommentar griff sie zum „Farre Wadel", ein Stock mit fiesen Lederriemen und versohlte mir derart den Po, dass ich tagelang nicht sitzen konnte. Heute kaum vorstellbar gab es in meiner Kindheit solche Ochsenziemer für die Züchtigung von Kindern. Bis ins 19. Jahrhundert hinein wurden auch Mägde und Knechte mit Schlägen des „Farrenschwanzes" bestraft.

Lisbeth gelang es aber immer wieder, mich auch an ganz miesen Tagen zum Lachen zu bringen. Wenn ich abends die Milch unserer Kühe zur Sammelstelle brachte, kam Lisbeth meistens mit, um Milch zu kaufen und das wurde immer ein Mordsspaß. Ausgelassen und albern machten wir viel Blödsinn. Nach einiger Zeit war ihre Blechkanne total verbeult und nicht wenige Male kam sie ohne Milch zu Hause an. Ihre Eltern schimpften zwar, aber sie schlugen ihre Tochter nicht. Sie waren ganz anders als meine Eltern. Ich durfte sogar mit ihnen essen und bekam einen eigenen weißen Teller mit blauen Blümchen, das hat mir prima gefallen. Wenn wir beim täglichen „Milch-Marsch" abends auch noch Schulfreunde trafen, vergaßen wir übers Spielen und Toben oft die Zeit, was zu Hause ebenfalls nicht besonders gut ankam. Aber in jedem Fall haben wir auf dem Heimweg unser Lied „Der Mond ist aufgegangen" gesungen. Nicht besonders schön, aber laut und lustig.

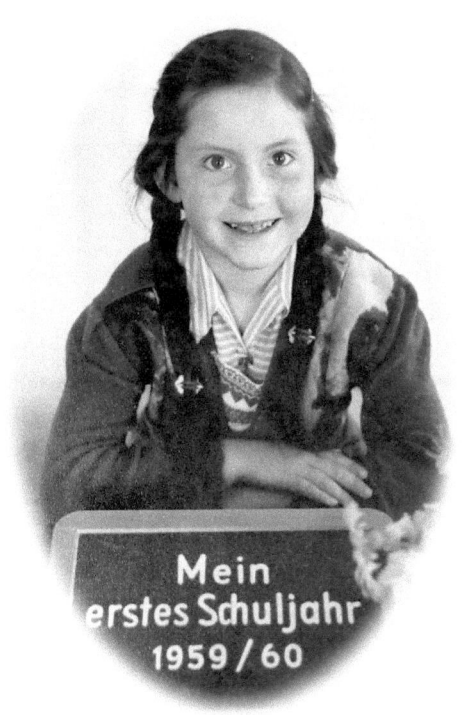

Schon bald wuchsen auch die Ansprüche in der Schule, was zur aufreibenden körperlichen Arbeit ohne Lob oder Lohn hinzukam. Es war die schiere Plackerei.

Hausaufgaben durfte ich erst abends vor dem Zubettgehen erledigen, wenn meine Eltern schon schliefen. Irgendwie habe ich das meistens dennoch ganz anständig hinbekommen.

Ein trauriges Ereignis von damals habe ich ebenso fest verankert, jedoch mit guten und schlechten Gefühlen: Den Tod von Tante Erna, die ich ja stets pflegen musste. Ich war ungefähr in der zweiten Klasse und acht Jahre alt, als sie an ihrer Krankheit verstarb.

Trauer kam bei mir nicht auf, sondern ein Funken Vorfreude: Nun könnte ich endlich zwischen Feldarbeit und Stall ausmisten, auch mal spielen gehen und meine Freundin besuchen. Dachte ich. Gleichzeitig bahnte sich mein schlechtes Gewissen seinen Weg ins Bewusstsein:

„So hartherzig egoistisch darf man nicht denken".

Aber ihre Pflege war wirklich anstrengend, weil sie sich nicht bewegen, noch nicht einmal richtig schlucken konnte.

Wenn ich sie fütterte, ging es mir nie schnell genug. Ihre Lähmungen nahmen ständig zu, was mich ungerechterweise nervte, obwohl Mitleid angebracht gewesen wäre.

Manchmal habe ich sie deswegen geärgert, was unfair von mir war, aber darüber dachte ich als Kind in solchen Momenten nicht nach. Erna hat mich jedoch nur einmal verpetzt, als ich sie mit einer toten Ratte erschreckte, die unsere Katze ins Haus schleppte. Da gab es eine Abreibung für mich. Doch schlimmer als eine schmerzhafte Bestrafung war Willhelmines Schauspiel, wenn ihr etwas nicht passte. Sie legte sich nämlich mit einem nassen Lappen auf der Stirn ins Bett und jammerte ohne Unterbrechung.

„Ach Gott, oje, oje, ach Gott!"

Bei solchen Aktionen verdächtigte mich meine Mutter etwas angestellt zu haben. Das war aber oft nicht der Fall, trotzdem gab es Schelte für mich. Für wen auch sonst? Zumindest weiß ich seitdem, woher der Begriff „Jammerlappen" kommt.

Die Hoffnung, dass durch Ernas Tod für mich manches besser wird, erfüllte sich nicht. Gleich am nächsten Tag, empfing mich ein Zettel an der Tür als ich aus der Schule kam:

31

„Essen ist im Kühlschrank, wenn du damit fertig bist, kommst du uns helfen. Wir sind in den Reben."

Ich gehorchte natürlich und habe fortan jeden Nachmittag auf dem Acker oder im Weinberg gearbeitet. Abends waren die Schulaufgaben dran.

So schrecklich Wilhelmine war, so nett und fürsorglich gingen Vaters „richtige" Mutter, die für mich Omi Knobloch war, und ihr Neffe mit uns um. Leider besuchten sie uns nur ein- oder zweimal im Jahr.

„Hexe Wilhelmine" konnte die beiden nicht ausstehen. Aber meine Großmutter mochte generell niemanden, was immer auf Gegenseitigkeit beruhte. Wenn sie zu uns kamen, legte sie sich mit ihrem stinkenden Stirnlappen ins Bett und lamentierte, was das Zeug hielt. Das machte sie immer, wenn Freunde oder Verwandte zu uns kamen, die wir gerne hatten, nur Wilhelmine eben nicht. Und da gab es einige, die ich als Kind in mein Herz schloss. Dazu gehörte interessanterweise auch Wilhelmines Nichte Grete und ihr Mann Fritz.

Grete war ein ganz anderer Charakter als Wilhelmine, nämlich liebenswert, unterhaltsam und immer hilfsbereit. Es war kaum verwunderlich, dass sie nicht miteinander klar kamen. Meine Großmutter schien ihre eigene Nichte sogar zu hassen und der wiederum schien es völlig egal zu sein, was ihre Tante von ihr hielt. Grete wohnte in Vögisheim und manchmal war es unvermeidlich, dass Wilhelmine sie trotz des Dauerstreits besuchen musste.

Als wir einmal zum Geburtstag meiner Tante gingen, predigte meine Großmutter ohne Unterlass: „Und wehe, du nimmst dir ein zweites Stück Kuchen, wehe! Das gehört sich nicht, das tut man nicht, hörst du?" Ich nickte und dachte: Ein einziges wäre ja auch schon schön.

Artig sagte ich tatsächlich mit wehleidigem Blick „Nein danke", als Grete mir eine zweite Donauwelle mit Schokoguss anbot. Mann, war das lecker! Grete schmunzelte beim Blick in mein trauriges Gesicht.

„Natürlich möchtest du gerne, obwohl du Nein sagst. Das ist wohlerzogen von dir, aber wir haben mehr als genug." Und ohne weitere Ansage bekam ich mein zweites Stück, das ich nicht nur genoss, weil es lecker war, sondern weil es meine Großmutter sichtlich ärgerte.

Unsere Familienverhältnisse sind tatsächlich verworren, weil die Menschen damals früher starben oder im Krieg fielen. So ergaben sich neue Ehen. Man heiratete also öfter und neue Partner/innen brachten eigene Kinder und Verwandte mit. Wenn die wiederum heirateten und damit wartete man früher nicht lange, kamen neue Enkel hinzu.

Die Sippe wuchs jährlich. Tanten, Onkel, Nichten, Neffen, Vettern, Cousins und Cousinen, dazu die Großeltern aus erster oder zweiter Ehe: Es war wirklich kompliziert. Zumal es vorkam, dass eine Cousine oder ein Vetter untereinander heirateten, was ja statthaft ist, wenn keine Blutsverwandtschaft besteht.

1953, Familienfoto Seite 34 aus Kindertagen:
Mit Sonnenhütchen beobachte ich auf Margrits Arm gespannt den Fotografen (links, Mitte hinten Oma Wilhelmine, meine Mutter Luise und rechts mein Vater Erich. Tante Erna sitzt im Stuhl.

Für alle, die es genau wissen möchten, habe ich am Schluss des Buches unseren Familienstammbaum mit Personen aufgezeichnet, die in meinem Buch stattfinden.

Mit meiner Mutter und Wilhelmine

In unserer komplexen Familie zählten Vaters Stiefschwester und ihr Mann zu meinen Lieblingsverwandten. Oma Knobloch ging nett mit mir um. Sie war jedoch schon ziemlich alt und reagierte immer sehr besorgt um mich. Aber zumindest war sie freundlicher als Großmutter Wilhelmine, die sich sicherlich nie um mich sorgte, wenn doch, konnte sie das gut verbergen.

Tante Helena war mir die Liebste und ihr Ehemann wurde zu meinem tollen Onkel Helmut, wie man ihn sich nur wünschen konnte. Doch auch der Bruder vom Stiefvater meines Papas war ein netter Mensch. Ich hätte sie damals gerne öfter getroffen und eines Tages, ich ging noch nicht zur Schule, organisierte mein Vater eine Mitfahrgelegenheit in einem LKW der Winzergenossenschaft für mich. Der Laster fuhr täglich nach Meersburg, wo die beiden wohnten und ich durfte als achtjährige zehn wunderbare Tage bei Helene und Helmut verbringen. Mit ihrem Sohn Gunnar hatte ich ebenfalls Spaß, wir haben uns super verstanden. Vor allem musste ich nicht arbeiten und durfte einfach mal nur Kind sein.

Wie der Stadtname vermuten lässt, steht dort ein altes Schloss und Helmut erzählte geheimnisvolle Geschichten über das unheimliche Schlossgespenst, um mir Angst zu machen. Das gelang ihm nicht. Ich war weit weg von Großmutter, dem einzigen Wesen, vor dem ich mich fürchtete. Was sollte mir da noch passieren?

Ich erinnere mich an eine herrliche Radtour. Helene gab mir ihr altes Kinderrad und Gunnar saß bei Helmut.

Huii, bergab bekam sogar Helene Muffensausen und wir liefen vorsichtshalber lieber, um anschließend wieder im Sattel geradewegs bei einer Eisdiele anzukommen. Alle erhielten eine Kugel italienisches Eis. Sensationell! Mein allererstes Eis und ich schwöre, niemals zuvor etwas Leckereres gekannt zu haben. Das war eine Wucht. Es blieb nicht bei diesem einen Mal, nein, wir besuchten die Eisverkäuferin nochmals.

Die Straße führte an einem Schuhgeschäft vorbei und im Schaufenster entdeckte ich braune Sandalen mit silbernen Schnallen und fein gestanzten Luftlöchern, solche, wo man schnell rein- und herausschlüpfen konnte.

Begeistert zeigte ich sie meiner Tante und sie schmunzelte:

„Okay, die sollst du gerne haben, komm mit hinein!"

Superglücklich mit den neuen Latschen radelten wir heim und mir passierte ein Malheur: Eines der Dinger rutschte mir vom Fuß und landete auf der Fahrbahn.

Schwupps fuhr ein Auto drüber.
Um Gottes willen! Ich war traurig, doch Helmut lachte nur und brachte mir die Sandalette heil zurück. Das Auto hatte sie nicht beschädigt, das war ein echt stabiles Ding. Leider sollte ich zum Ende meines Besuchs auch bei Oma Knobloch in Konstanz ein paar Tage verbringen. Das passte mir gar nicht. Hier war ich erstmals glücklich und keine billige Arbeitskraft, sondern ein Kind. Nie zuvor habe ich mich so wohl gefühlt.

Verhandeln klappte aber nicht, zwei Tage und Nächte verbrachte ich bei Oma Knobloch. Aber da gab es kein Spielzeug für mich, zudem machte sie immer einen ausgiebigen Mittagsschlaf und ich sollte ganz still sein. Es war langweilig und sie ließ mich noch nicht mal ans geöffnete Fenster, weil ich herausfallen könnte.
Herausfallen, ausgerechnet ich. Wie kam die auf so was? Wenn sie gewusst hätte, was ich zu Hause arbeiten musste und meistens alleine meisterte, wäre meine

Oma nicht auf solche Gedanken gekommen. Vor lauter Langeweile ärgerte ich ihren Wellensittich und wurde ausgeschimpft.

Ich weinte und wünschte lautstark, dass wir zumindest Tante Trudi besuchen.
Sie war eine Cousine meines Vaters und mit Onkel Martin verheiratet. Sie hatten zwei Söhne in meinem Alter und überraschenderweise fuhr die Oma mit mir zu ihnen. Endlich etwas Abwechslung!

Doch am liebsten wollte ich wieder zu Helene und Helmut. Schon während der Überfahrt weinte ich auf der Fähre jämmerlich.

Abends hatte Oma Knobloch die Faxen dicke und brachte mich wieder zu ihnen.
Aber nur einen Tag und als ich nach Hause zurück sollte, habe ich ohne Unterlass herzergreifend geweint, gebettelt und gefleht: „Nein, ich will nicht nach Hause, ich möchte hierbleiben, hier bei euch!" Na ja, das ging natürlich nicht. Als Kind habe ich es nicht verstanden, warum ich wieder nach Hause musste. Das war für mich so dramatisch, dass ich keinerlei Erinnerung daran habe, auf welchem Weg und von wem auch immer begleitet, ich wieder in die Sklaverei zurückkehrte. Es gefiel mir, meine Eltern

wiederzusehen, alles andere war schrecklich. Ohne Atempause wurde ich gleich
wieder mit Arbeit überhäuft.

Eine willkommene Abwechslung ergab
sich durch den Besuch von Margret, eine
Cousine mütterlicherseits. Ich erwähnte
ja schon, dass unsere Familienverhältnisse kompliziert sind. Aber mit ihr hatte
ich auch Spaß. Margret brachte sogar
mal eine Ananas mit. Von solchen Früch-
ten hatte ich noch nie etwas gehört und
sie natürlich auch niemals vorher pro-
biert. Damals konnte ich nicht einmal
den Namen fehlerfrei aussprechen, aber
das machte nichts. Die Ananas mundete
vortrefflich.

Als Zwölfjährige setzte ich mich   zu
Hause endlich mal erfolgreich durch, als
ich die klitzekleine Rumpelkammer neben Ernas Raum beanspruchte. Es gelang mir den Raum zu entrümpeln, halbwegs sauber zu machen und Oma Knobloch brachte mir ein paar alte Möbel.

Großartig!

Endlich kam ich aus Wilhelmines Bett
raus und hatte mein eigenes kleines
Reich mit einer Tür, die ich hinter mir
schließen konnte. Mein „Reich" war zwar
derart klein, dass man sich drinnen

kaum drehen konnte, aber egal: Es war meins und ein Triumph sondergleichen.

Tratsch und Klatsch

*D*ie beste Jahreszeit in meiner Kindheit begann im Herbst nach erledigter Ernte, da ich weniger arbeiten musste. Nach einiger Zeit hatte ich auch mehr Kontakt zu unseren anderen Kindern in der Nachbarschaft, die Leininger hießen. Mit Werner und Gerhard vergaß ich spielend manchen Kummer.

Lisbeths Eltern wurden überraschend Besitzer des ersten Fernsehgerätes in unserer Wohngegend. Da war was los: Ein Fernseher! Alle sprachen darüber und wollten den magischen Kasten sehen.
Manche nur, um vermutlich aus Neid zu nörgeln, andere wiederum begeisterten sich für das unterhaltsame Wunderding.
Wilhelmine nannte es Teufelswerk, was mich natürlich nicht vom „Gucken" abhielt.

Es sind solch schöne, meistens kleine Augenblicke der Kindheit, die sich im Gedächtnis festsetzen, um die bösen Momente zu überdecken. Dazu zählen auch kuriose Irrtümer und nicht fies gemeinte Flunkereien, denen man auf den Leim ging. Manches bleibt ein Leben lang „haften".

So erging es mir als sieben oder acht-jährige, als unsere Nachbarin Irma ein Baby bekam.

Sie tauften ihn Bruno und ich fragte, wie es dazu kam, was da vor sich gegangen sei? Schmunzelnd erzählte sie mir die Geschichte vom Storch, aber in ihrer ei-ge-nen Version.

„Der Storch hat mich ins Bein gebissen und Schwupps kam da auch schon der Bruno!" Geglaubt habe ich es nicht.

„Wieso hat dir der Storch denn ins Bein gebissen. Ich sehe hier nirgendwo einen Storch!", entgegnete ich nassforsch.

„Ja weißt du, man muss einen Waschlappen raushängen, so bekommen die Störche Bescheid. Dann kommt einer, beißt dir ins Bein und bringt hinterher das Baby!"

Ich blieb ungläubig: „Zeig mal, wo hat dich der Storch gebissen?"

Irma lachte und zierte sich.
„Nein, das kann ich dir nicht zeigen, da sieht man nichts mehr."

Auch mein Drängeln führte nicht dazu, dass mir Irma die Stelle zeigte, wo sie angeblich vom Storch gebissen wurde.

Kann ein Storch beißen? Und wieso kam sie auf die Idee einen Waschlappen rauszuhängen?

Ich war noch nicht überzeugt.
Als wenig später unsere andere Nachbarin auch ein Baby bekam, musste ich natürlich nachfragen. Helene erzählte mir das Gleiche. Waschlappen aufhängen, Storch kommt, der schnappt mit seinem Klapperschnabel zu und schon wird das Baby gebracht. Nun glaubte ich es tatsächlich. Zumindest bis mir später klar wurde, dass es sich nur um eine alberne Metapher für Kinder handelte.
Zu den Tieren kam nie der Storch, was mich jedoch nicht stutzig machte. Die Küken schlüpften aus den Eiern und Kälbchen oder Ferkel liefen bei uns nicht rum. Insofern hatte ich keine Ahnung davon, wie Nachwuchs gezeugt wurde.

Aber auch Tiere erkrankten, womit ich als Kind ebenfalls konfrontiert wurde.
Krankheiten oder gar Seuchen sind fürchterlich und doch war es für mich erfreulich, als sich die Kühe in der Nachbarschaft mit Maul- und Klauenseuche ansteckten.

Unsere blieben gesund.

Klar hatte ich Mitleid mit den anderen Kühen und auch mit unseren, weil sie im

Stall ausharren mussten. Aber erfreulicherweise verringerte sich meine Arbeit. Mehr noch, ich sollte Abstand halten. Man übertrug mir komfortablere Aufgaben, zum Beispiel für uns oder für die Nachbarn einzukaufen. Das machte damals noch Spaß, weil es ein „Tante Emma Laden" war, wo man seine Sachen besorgte. Essig wurde aus stattlichen Glasballons in Flaschen abgefüllt. Witzigerweise hieß die Besitzerin tatsächlich Emma. Manchmal stritten wir, weil sie mir Essig mit dem Sud verkaufte, der sich am Boden absetzte.

Aber Emma war schwer in Ordnung. Wenn ich Zigarren für meinen Vater kaufte, schenkte er mir manchmal einen Pfennig für Kaugummi. Aber es gab nur Packungen für zehn Pfennige. Emma öffnete extra für mich ein kleines Päckchen und verkaufte mir daraus einen einzelnen kleinen Kaugummi für meinen Pfennig, eine nette Geste. Ich kaute das Stück tagelang. Abends klebte ich das längst geschmacklose Stück aufs Nachttischchen für den nächsten Tag und kaute dann weiterhin darauf rum.

Unsere wirtschaftliche Situation besserte sich, wenn auch nur langsam. Aber schließlich konnten sich meine Eltern nach Jahren schwerer Plackerei einen gebrauchten Trecker leisten. Da nun keine Arztrechnungen mehr für Ernas Behandlungen bezahlt werden mussten, blieb etwas mehr Geld in der Haushaltskasse.

Kurios dabei war, dass weder mein Vater noch meine Mutter einen Führerschein hatten, geschweige denn Wilhelmine. Der ungewohnte Luxus des laut knatternden, mächtig starken Gefährts änderte also erst mal nichts. Wir mussten weiterhin überall hinlaufen und alles selbst schleppen. Mein Papa rackerte immer noch im Straßenbau und daher machte meine Mutter zuerst den Führerschein.

Die erste Fahrt war eine super Gaudi.

Eines änderte sich aber nicht: Die Arbeit zu Hause hatte stets Vorrang vor der Schule. An einen Wechsel von der Haupt- in die Realschule war nicht einmal zu denken und langsam rückte der Abschluss näher. Meinen Berufswunsch hatte ich nach dem einzigen Ferienlager gefällt, an dem ich jemals teilnehmen konnte. Ich verdankte es unserer Nachbarin Edeltraud. Sie arbeitete beim DRK und lud mich zu einem Sommercamp der Rot-Kreuz-Jugend ein.

Dank Edeltraud erlaubten mir meine Eltern ausnahmsweise ins Ferienlager zu reisen und einige Zeit nicht zu Hause zu sein. Es wurden glückliche Tage, die ich nie vergessen werde. Noch heute denke ich oft an die wundervolle Zeit im DRK-Sommercamp mit anderen Kindern. Aus den Kontakten und den Erlebnissen resultierte mein Berufswunsch:

Krankenschwester wollte ich werden.

Leider war das erst mit dem 18. Lebensjahr möglich, doch für mich endete die Schulzeit schon mit 15. Ich träumte davon, dass ich das trotzdem irgendwie machen könnte, aber es entwickelte sich wieder einmal alles ganz anders.

Mit Tante Helene

47

Mit 15 am Konfirmationstag

Schreckliches Verbrechen

Als ich in der achten Klasse war, kam der Dorfbäcker Huber auf die Idee, mir eine Ausbildung zur Bäckereifachverkäuferin mit einem Abschluss als Einzelhandelskauffrau anzubieten. Nein, das wollte ich nicht. Aber mit fünfzehn waren nicht nur die Ausbildungsmöglichkeiten begrenzt, sondern auch mein Entscheidungsrahmen.

Großmutter bestimmte zusammen mit meinen Eltern, dass ich Hubers Angebot anzunehmen habe. Ende der Diskussion. Das machst du jetzt. Basta!

Andererseits hatten sie nicht ganz unrecht, denn nach der Ausbildung wäre ich 18 und könnte meinen eigentlichen Berufswunsch umsetzen. Aber schon vorher müsste ich Geld verdienen und hätte abschließend einen Beruf mit dem Kaufmannsgehilfenbrief im Bäckereigewerbe.

Dass Meister Huber ganz andere Beweggründe hatte, kam niemanden in den Sinn. Mir war als Teenager sowieso nicht bewusst, dass ich recht hübsch und verlockend aussah. Die ersten Tage in meiner Lehre zeigten schon, dass Huber überheblich, eitel und humorlos war.

Als er mir zeigte, wie ich das Schaufenster mit seinen Backwaren zu dekorie-
ren hatte, übersah er eine der Schiebe-
glasscheiben und ballerte mit dem Kopf
dagegen, dabei fiel seine Bäckerskappe
herunter. Schadenfreude liegt allen Menschen im Blut und ich musste automatisch lachen. Oha, das war ein Fehler.
Er befahl mir, still in einer Ecke des
Ladens zu stehen und mich zu schämen.

Nach und nach kamen die Kundinnen
und sahen mich so dastehen. Wenn sie
fragten, was los sei, gab ich immer eine
ehrliche Antwort und erntete mitfühlen-
des Lächeln - zu meiner Freude lachten
sie nicht über mich. Natürlich verbarg
ich meine klammheimliche Freude und
grinste innerlich.

Frühes Aufstehen bin ich seit meiner
Kinderzeit gewohnt und ich kam damit
klar, morgens um 5:30 Uhr zur Backstube zu radeln, um den morgendlichen
„Putzdienst" in der Bäckerei anzutreten.
Anschließend begann ich mit dem Verkauf im SPAR-Laden, wo die Backwaren
angeboten wurden. Schon Hundert Meter
vorher roch es angenehm nach frischem
Brot und Brötchen.

Mein Chef wies mich an, beim Verkaufen
einen knielangen blauen Faltenrock mit

einer weißen Schürze zu tragen. Morgens war Putzen und Aufräumen angesagt, ab 7 Uhr kamen die ersten Kunden. Auch an Berufsschultagen musste ich vorher erst mal putzen, dann umziehen und hurtig fünf Kilometer mit dem Rad nach Müll-heim. Nach der Berufsschule ging's zurück zur Arbeit, weil der Unterricht früher vorbei war, als die Ladenschlusszeit. Zu lachen gab es selten etwas.

Fröhlichkeit schien in der Firma Huber verpönt zu sein. Aber Streiche haben wir uns dennoch manchmal geleistet. Ich erinnere mich an den Gesellen Gerhard, dem oft danach zumute war. Die Ofenklappe am Boden bot sich förmlich als Falle an, aber er selbst traute sich nicht, Huber hinein zu locken.

„Wenn der Chef uns den Rücken zudreht, dann machst du die Klappe am Boden auf, damit er hineinfällt", flüsterte mir Gerhard zu und ich tat es. Als Huber sich dann wieder umdrehte und einen Schritt in die Richtung machte, plumpste er ins mannshohe Loch. Ich bin gleich um die Ecke gebogen, weil ich mich vor Lachen kaum halten konnte. Natürlich war das kein guter Streich, denn er hätte sich die Knochen brechen können. Aber ihm passierte nichts, getobt hat er trotzdem und seinem Wutanfall freien Lauf gelassen. Das einzig ungewöhnliche an seiner Tobsucht war der Grund, denn nun hatte er einen, sonst schrie er auch ohne Anlass wütend herum.

Seine Frau stellte uns zur Rede, aber Gerhard blieb ungerührt:

„Wir haben keine Schuld! Der Chef passte einfach nicht auf und seltsamerweise war das Loch heute offen."

Später wünschte ich mir, Huber hätte sich dabei das Genick gebrochen, dann wären mir die fürchterlichsten Erfahrungen meiner Jugend erspart geblieben.

Es dauerte nur wenige Monate, bis Emil Huber seine wahren Beweggründe auslebte, für die er mich eingestellt hatte. Ich war erst 16 Jahre alt, als er mich an einem Mittwochnachmittag zu sich ins Büro bestellte. Der Laden war geschlossen und seine Frau in Freiburg beim Friseur.

Der Vorwand und was er beim ersten, aller noch folgenden schrecklichen Erlebnisse erzählte, habe ich verdrängt. Die Tat jedoch kann ich unmöglich vergessen.

In seinem Büro fummelte der 58-Jährige zielstrebig an mir rum und als ich mich zierte, drohte er mit Abbruch der Ausbildung und dass ich nirgendwo mehr einen Job bekommen würde, wenn ich nicht mitmache. Ich solle mich nicht so anstellen. „Niemand wird dir Göre glauben, also halte die Klappe, wenn du deine Lehrstelle behalten und die Prüfung bestehen willst", mahnte er herzlos und ich wusste, er hat Recht. Meine Machtlosigkeit war fast noch schlimmer als das, was er mit mir machte. Ich roch seinen schlechten Atem, als er seine korpulente Statur keuchend über mich brachte und sein Ding in mich hineinbohrte.

Wie in Trance ließ ich es geschehen.

Erbarmungslos raubte er mir brutal die Unschuld. Es war die ungeheuerlichste, zuvor undenkbarste Tat, die jenseits meiner Vorstellungskraft geschah.

Ich fühlte mich wehrlos, ohnmächtig und weinte schluchzend. Es war fürchterlich. Er ließ nicht von mir ab, Jammern und Flehen war sinnlos.

Die Vergewaltigung und alles drum herum erlebte ich in Schockstarre.

Wie kann ein Mann dabei irgendein Vergnügen empfinden?

Beraubt, misshandelt und fürs Leben gezeichnet, verließ ich danach sein Büro. Wem sollte ich es erzählen? Wer würde mir glauben und helfen? Der bekannte Bäckermeister Huber, angesehenes Mitglied im Gemeinderat und in der Handwerksinnung. Nein! Der tut so was nicht.

Meine Anschuldigung wäre schlimm gewesen, aber nur für mich, nicht für ihn.
Er hätte genügend Argumente gefunden, warum ihn das „dumme Ding vom Land" beschuldigt. Ich sah keine Chance für mich. Weder meine Eltern, noch die Polizei hätten mich ernst genommen.

Frauen waren damals nur Mittel zum Zweck. Den Straftatbestand der Vergewaltigung und des sexuellen Missbrauchs Schutzbefohlener gab es, aber mir ist nicht bekannt, dass solche Taten bei uns jemals verhandelt wurden. Bei uns zeigte man sich nicht gegenseitig bei der Polizei an und schon gar nicht wegen „sowas".

Als Auszubildende wäre ich gegenüber einem solch beachteten erwachsenen Mitglied der Gesellschaft nicht glaubwürdig gewesen. Wäre es bekannt geworden, hätte meine Familie wegziehen müssen.
Selbst wenn mir meine Eltern geglaubt hätten, was sicherlich nicht der Fall ge-

wesen wäre, hätte sich niemand auf unsere oder meine Seite geschlagen. Wir ständen allein, gebrandmarkt und ausgestoßen, da war ich mir sicher.

Die Vergewaltigung brachte mich völlig aus dem Gleichgewicht. Ich haderte mit meinem Leben und dachte sogar daran, es zu beenden. Die nächsten Jahre erlebte ich als nicht endenden Albtraum, denn es blieb nicht bei diesem einen Mal des sexuellen Missbrauchs.

Es wurde zur widerlichen Routine als unendliches Martyrium.

Manchmal musste ich Huber auf seinen Fahrten zu geschäftlichen Besprechungen oder bei anderen Gelegenheiten begleiten. Dann geschah es im Wald, einmal sogar auf dem nassen, dreckigen Boden. Das störte ihn trotz des feinen Zwirns nicht, denn er hatte sich schick gemacht und wie immer, wenn er Eindruck schinden wollte, einen dunklen Anzug mit einem teuren hellblauen Hemd angezogen. Dann wieder passierte es bei ihm zu Hause, wenn seine Frau Elisabeth in Freiburg oder weiß der Geier wo war.

Ich kann es nicht erklären, aber irgendwie nahm ich es hin. Er benutzte nie ein Kondom und nachdem meine

Regel drei angstvolle Monate ausblieb, erzählte ich es ihm.

„Ach was, da täuscht du dich", war das Einzige was er dazu sagte. Es schien egal zu sein oder er glaubte mir tatsächlich nicht. Viele Nächte habe ich schlaflos geweint und zu Gott gebetet, dass ich kein Kind in mir trug.

Ich hatte aber Glück im Unglück. Nach 11 oder 12 Wochen quälenden Wartens entdeckte ich an einem denkwürdigen Tag in der Toilette etwas, dass die Form eines Fötus hatte. Auch ohne genaues Wissen begriff ich, was passiert war. Mit alldem musste ich alleine klarkommen, darüber reden war nicht möglich und das Scheusal kümmerte sich einen feuchten Kehricht um mein Schicksal. Zumindest kam daraufhin wieder meine Regel, aber meine verletzte Seele veränderte mich. Ich war nicht mehr die unbeschwerte Jugendliche, die im Leben etwas erreichen wollte. Nur eines war gewiss: Ich wollte so schnell es ging weg, weit weg vom perfiden Bäckermeister Emil Huber.

Auch als meine Lehrzeit beendet war und ich mit 18 in seinem Auftrag den Führerschein machte, um mit dem Firmen-NSU Dinge zu erledigen, ließ er nicht von mir ab. Zweimal pro Woche vergewaltigte er mich seit dem ersten Mal in meinem 16. Lebensjahr. Ich sah keinen Silberstreif am Horizont, zumal ich den Berufsweg zur Krankenschwester auch nicht mehr einschlagen wollte, weil man dort noch weniger verdiente. Immerhin bekam ich schon im dritten Ausbildungsjahr 80 DM und daraufhin 130,- DM. Das war nicht viel, aber auch nicht zu wenig. Ich weiß noch, dass ich mir vom ersten Lehrlingsgehalt einen Föhn für 20,- Mark kaufte, wodurch der Lohn komplett weg war.

Ich litt also weiter und hoffte auf einen glücklichen Zufall mit einem neuen Job. Den Schmerz, die Übelkeit und die Schmach verdrängte ich. Ohne Huber wäre es ganz okay gewesen. Verkaufen machte mir Spaß und das Putzen der Teigkessel war erträglich. Wenn der Sexgangster nicht in meiner Nähe war, mochte ich meinen Beruf. Ich nehme an, dass niemand ahnte, was hinter den verschlossenen Türen oder im Wald geschah. Die Veränderung meines Wesens wurde, wenn überhaupt, vermutlich damit erklärt, dass ich älter und ernster geworden war. Die Verdrängung der Grausamkeiten funktionierte nach einiger Zeit so „gut", weshalb ich mich kaum noch an Einzelheiten erinnere. Das Böse verdrängt die Psyche ohnehin. Es bleiben nette, weniger dramatische Ereignisse haften. Eine Überlebensstrategie, die wohl in jedem Menschen schlummert.

Unser Geselle konnte Huber auch nicht ausstehen. Die beiden hatten sich oft in den Haaren. Das ging soweit, dass er Huber mal einen nassen Putzlappen ins Gesicht warf, den ihn der Chef zuvor schimpfend selbst zugeworfen hatte. Da rastete der Alte wieder einmal aus, aber er hat seine einzige Fachkraft nicht rausgeworfen. Ich machte ebenfalls manchmal Blödsinn, meistens aber unbeabsichtigt.

Als der Auspuff des Firmenautos vor Rost am Krümmer langsam wegbröselte, röhrte der NSU herrlich wie ein Rennwagen. Das war toll und ich trat ordentlich aufs Gas, ein Heidenlärm und großer Spaß zugleich. Leider machte ich das auch am Gemeindehaus in dem Moment, als ein Bauer gemeinsam mit dem Metzger seine Kuh auf die Waage trieb. Das zum Tode verurteilte Tier erschrak dermaßen, dass es verschreckt davon galoppierte. Der Schlachter jagte zusammen mit dem Besitzer hinterher und sie hatten einige Zeit damit zu tun, die wild gewordene Kuh wieder einzufangen.

Der Bauer beschwerte sich bei Huber, der mir die Schuld gab, aber nicht mit dem aufrichtigen Metzger rechnete. Mit dem breitschultrigen Kerl, das ist mal sicher, wollte sich niemand im Ort anlegen. Während Huber, wie so oft nur dämlich rumbrüllte, meinte der Schlachter:

„Huber, deine Firma, dein Auto! Gib nicht dem Mädel die Schuld, die ist für den Wagen nicht verantwortlich, oder soll sie auch noch deine Autos reparieren?" Damit war das Thema vom Tisch und ich genoss einen seltenen Moment hämischen Grinsens.

Dann ergab es sich überraschend, dass mich eine Stammkundin mit dem Sohn einer ihrer Bekannten aus Heidelberg verkuppeln wollte. Ich denke, sie wollte mir etwas Gutes tun, denn der junge Mann aus Sandhausen würde später mal das Cafe seiner Eltern und das Vermietungsgeschäft einiger Ferienwohnungen übernehmen. Sie waren wohlhabend und er ledig, so wie ich.

Meine Eltern nebst Großmutter waren begeistert und drängten mich dazu. Schon um die Stammkundin zufrieden zu stellen, denn sie war es, die meinem Vater einst alle Kleidung ihres verstorbenen Gatten schenkte. Meine Familie war ihr dadurch also dankbar und hielt es für normal, dass ihre Tochter und Enkelin diese Dankbarkeit auch zeigte. Aber so?

Nun gut, dachte ich, anschauen kostet ja nichts und wir vereinbarten einen Termin zum Kennenlernen. Der junge Mann holte mich zu Hause ab und verliebte sich vom Fleck weg in mich. Er war ansehnlich, aber seine Art behagte mir nicht und an sich hatte ich überhaupt kein Interesse zu ihm nach Hause zu fahren, um seine Mutter zu treffen. Darin sah ich keinen Sinn. Doch meine Mutter übte mit Wilhelmine Druck auf mich aus:

„Der ist eine gute Partie, übernimmt mal das Unternehmen und hässlich ist er auch nicht. Du begleitest und heiratest ihn bald, hörst du?"

Widerstrebend fuhr ich mit, doch es lief von Anfang an aus dem Ruder. Seine Mutter empfing mich pompös in ihrem Café und tischte derart großartig auf, dass die peinliche Veranstaltung wie eine vorgezogene Verlobung wirkte. Aber ihr Sohnemann, ne, der war nichts für mich. Ich sollte gleich bei ihnen übernachten, aber da machte ich nicht mit. Endlich setzte ich mich durch und er musste mich noch in der gleichen Nacht nach Hause fahren. Das war bedrückend, denn er weinte vor Liebeskummer bitterlich und ich dann auch.

Was für ein Rendezvous.
Gruselig.

Mir blieb erst mal nichts anderes übrig, als bei Huber zu bleiben. Schlimmer als zuvor konnte es ohnehin nicht werden.

Die Vergewaltigungen verschloss ich tief in einer versteckten Ecke meiner Lebenserinnerungen und erst heute, 54 Jahre später, erzähle ich es erstmals und nur in diesem Buch. Ursprünglich wollte ich das intime Geheimnis aus Scham mit ins Grab nehmen. Doch jetzt muss ich es mitteilen, um nicht daran zu ersticken.

Was 1967 unheilvoll begann, war 1972 mit 20 noch immer nicht beendet.

Dafür bahnte sich etwas an, das ebenfalls nicht absehbar war.

Oha. Es ist schon fast 12 Uhr und ich muss noch die Dienstpläne für unser Personal überarbeiten. In Erinnerungen versunken hätte ich beinahe die aktuelle Zeit vergessen.

Ein unmoralisches Angebot als Chance

Noch vor dem Sonnenaufgang bin ich in der Backküche und organisiere die Belieferung unserer Filialen. Das frühe Aufstehen habe ich vollständig verinnerlicht. Das hat zwar etwas gedauert, bis ich mich daran gewöhnte. Als Jugendliche brauchte ich einen Wecker und kam nicht immer gut, schon gar nicht munter aus dem Bett. Damals erschienen mir drei Jahre für eine Ausbildung, die ich zunächst gar nicht machen wollte, eine sehr lange Zeitspanne zu sein. Dass ich für den Rest meines Lebens im Bäckereigewerbe bleiben würde, ahnte ich nicht. Doch seit nunmehr achtundvierzig Jahren leite ich die Filialen des Unternehmens, das ich quasi mitgeheiratet habe.

Nach meiner Lehre und meinen ersten Berufsjahren musste ich aber erst mal aus dem Huber-Betrieb weg und vom Horror befreit werden, woraus ich damals kein Geheimnis machte.

Meine Eltern und Wilhelmine waren strikt dagegen, dass ich kündigte.

„Da hast du es doch gut, festes Geld, ein guter Job und immerhin bezahlte dein

Chef deinen Führerschein. Du bleibst dort, das ist doch logisch!"
Sie konnten ja nicht wissen, was der teuflische Typ mir angetan hatte und seinerzeit noch immer antat.

Als ich Huber klar machte, dass ich woanders arbeiten will, lenkte er zum Schein ein. Er versprach mir, er würde mir eine Stelle in der Schweiz bei einem Kollegen besorgen, deren Verkäuferin dann im Austausch bei ihm arbeiten und meinen Job übernehmen würde. Ein zeitlich befristeter Personaltausch war damals üblich, es hätte also wahr sein können. Später erfuhr ich, dass er meinen Wunsch tatsächlich in einer Sitzung des Innungsvorstands erwähnte und über seine Beziehungen eine Schweizer Austauschverkäuferin suchte, weil ich gerne mal ganz woanders arbeiten wolle. In der Schweiz zu arbeiten hätte mir gefallen. Oswald Ebner war ebenfalls dabei, weil er neben seinem Backbetrieb einmal pro Woche in der Berufsschule unterrichtete. Der junge Bäcker ertrug ein schweres Schicksal als junger Witwer mit zwei kleinen Kindern und einem eigenen Betrieb. Seine Frau Anita war gerade verstorben. Sie wurde nur 27 Jahre alt, das war ein schreckliches Los für den Vater und Jungunternehmer.

Zwei Buben musste er alleine aufziehen und sich gleichzeitig um das Geschäft kümmern, das er zwei Jahre zuvor von seinem Vater Hugo übernommen hatte.
Die Bäckerei Ebner war im Ländle gut bekannt, denn sie übte das Handwerk schon seit 1903 aus.

Der Tod seiner jungen Frau sprach sich herum und es bedrückte mich, aber da ich weder ihn noch seine Familie näher kannte, betraf es mich nicht. Jedenfalls noch nicht. Bis ich im April 1973 Post bekam. Es war der erste Brief überhaupt, den ich bekam, und die Zeilen sollten mein Leben von Grund auf umkrempeln.

Überraschenderweise war Oswald Ebner der Absender des Briefes, in dem er um ein Treffen mit mir bat. Er würde mich gerne kennenlernen, da er davon gehört hatte, dass ich möglichst bald die Firma wechseln möchte. Sein Anliegen erschien mir gleichzeitig mysteriös und interessant. Wie erwartet intervenierte meine Großmutter, die unbedingt wissen wollte, wer mir warum einen Brief sandte. Ich sagte es ihr und da weder sie noch meine Eltern etwas über mich und Huber wussten, reagierten sie ungehalten.

„Da fährst du nicht hin, das sind Münstertäler, richtige Hinterwäldler!

Seine Frau ist noch nicht lange unter der Erde und du sollst ihn besuchen. Wo kommen wir denn da hin, nein, das machst du auf keinen Fall!"

Mittlerweile war ich Großmutters Anweisungen gegenüber aber resistent und ich wollte mein Leben selbst bestimmen.
Zudem hatte ich nichts zu verlieren und wollte unbedingt von Huber weg, also entschied ich mich dafür und sagte Oswald telefonisch zu. Aber es sei besser, wenn er mich nicht zu Hause, sondern an der nahe gelegenen Bundesstraße abholt. Da ich wusste, dass wir in ein sehr feines Restaurant gehen, machte ich mich besonders schick. Natürlich heimlich, damit niemand aus meiner Familie es bemerkte, wer weiß, was sonst passiert wäre.

Kurz darauf traf ich mich mit ihm an der Bundesstraße 3 und wir fuhren nach Kandern in ein sehr schickes, bekanntes Restaurant namens „Weserei". Das Personal begrüßte mich höflich mit einem auffällig schönen Blumenstrauß. Die Atmosphäre zwischen Oswald und mir war seltsam, aber ich dachte, das sei in Anbetracht der Situation auch kein Wunder.

Nach dem famosen Essen erzählte er mir von seinem Schicksal. Seine Frau starb an einer Herzmuskelentzündung nach einer längeren Leidenszeit. Es war fürchterlich. Die Ärzte konnten jedoch nichts machen. Aber damit nicht genug, verunglückte wenige Monate später auch noch sein Geselle tödlich und nun wüsste er nicht mehr ein noch aus. Momentan kümmerten sich seine Mutter und seine Tante um die Jungs und er alleine um den Betrieb. Sein Vater könne in der Bäckerei nicht aushelfen, weil er krank wäre. Kurzum, er bräuchte eine Frau, bestenfalls mit Fach- oder Kaufmannswissen und seine Söhne eine Mutter. Alleine könne er das alles nicht schaffen. Ihm wäre bekannt, dass ich schnellstmöglich eine neue Stelle antreten wolle und ledig sei.

Oswald sprach es nicht konkret aus, aber zweifellos machte er mir einen Heiratsantrag ohne dass wir uns kannten, geschweige denn „liebten". Mit den Worten:

„Alles andere würde sich ergeben oder auch nicht", beendete er seinen gut formulierten „Vorschlag" mit offensichtlicher Verzweiflung.

Darauf völlig unvorbereitet reagierte ich innerlich irritiert, was ich aber aus Rücksicht nicht zeigte. Seinem mit ehrlichen Worten gezeigtem Mut zollte ich Respekt, denn er tat mir leid. Das war kein einfaches Schicksal. Dennoch erschien mir sein Anliegen ziemlich „schräg", andererseits auch nachvollziehbar: Er suchte den rettenden Strohhalm und das könnte ich durchaus für ihn sein.

Ich hatte in dem Moment noch keinen blassen Schimmer, wie ich damit umgehen sollte. Ihn abweisen? Auf Verdacht und „gut Glück" zusagen? Meine Gefühle und Gedanken irrten ohne Resultat durch meinen Kopf. Was für eine skurrile Situation!

Aus den Augenwinkeln beäugte ich vorsichtig die Gäste, ob sie irgendwas von unserem sonderbaren Gespräch mitbekommen hatten. Das war glücklicherweise wohl nicht der Fall.

Verhalten sagte ich ihm zu, sein Angebot zu bedenken, wobei es vorteilhaft wäre, wenn wir uns zunächst mal etwas besser kennenlernen. Ich sah ihm Hoffnung an, als er vorschlug, mich nächsten Monat am Abend nach der Hochzeitsfeier seiner Cousine abzuholen. Er müsse sich ohnehin früh von der Feier verabschieden, um Stefan und Klaus ins Bett zu bringen. Abgesehen von den Kindern wäre das Haus dann leer. So würde ich bei meinem Besuch seine Kinder und den Betrieb sehen.

Der Gedanke gefiel mir und ich sagte zu.

Als ich an dem vereinbarten Tag seine süßen Bengel, vier und fünf Jahre alt, im Bett liegen sah, war es um mich geschehen.

„Du musst dich um sie kümmern!", flüsterte eine innere Stimme und ich spürte, es war richtig. Die Jungs brauchen eine Mutter, die Zeiten sind schwer und sie sollten behütet und gut erzogen aufwachsen. Ich wollte, dass es ihnen besser ergeht als mir.
Anschließend zeigte mir Oswald die Backstube sowie den Verkaufsladen und erklärte mir, wo und wie sie die erforderlichen Lebensmittel beschafften. Hinzu kam ein großes Haus, das in Ordnung gehalten werden musste und die Kinder würden bald eingeschult werden. Das alles konnte Oswald Ebner wahrlich nicht alleine schaffen.

„Ich helfe dir nachts, wenn du willst", bot ich ihm an. Seine Augen verloren für einen Moment ihren traurigen Ausdruck, es flackerte Hoffnung darin.

„Das wäre schön, aber du hast deine eigene Arbeit und bei dir zu Hause wartet sicherlich auch einiges auf dich", murmelte er und ich lachte ihn das erste Mal an: „Da mach dir mal keine Sorgen, ich bin Arbeit gewöhnt und wenn ich etwas freiwillig und gerne mache, fällt es mir leicht!"

Es wurde hart, dennoch fühlte es sich irgendwie gut an. Endlich entschied ich etwas alleine für mich gegen alle Widerstände.

Nach Feierabend fuhr ich mit seinem Ford Escort ins Münstertal und legte mich früh ins Bett der Kinder. Die Brüder schliefen abwechselnd bei ihrem Vater, damit ich in dem dann jeweils freien Bett nächtigte. Eine Woche in Stefans und die andere Woche im Bett seines Bruders. Das war eine Vorgabe von Oswalds Mutter, die in ihrem Verhalten mit Wilhelmine hätte verwandt sein können. Oswald hatte kein eigenes Haus und alle Zimmer lagen nah beieinander, zu dicht bei den Schwiegereltern, denn beide Wohnungen befanden sich über der Bäckerei im ersten und im zweiten Stock. Ich ertrug es und die frostige Predigt meiner Schwiegermutter gleich mit.

Oswalds Tante Maria wohnte dort ebenfalls. Bei ihr hatte ich jedoch den Eindruck, sie würde mich mögen und mir helfen. Denn die „Glaubensfrage" kam erschwerend hinzu. Familie Ebner lebte im katholischen, ich dagegen im evangelischen Glauben. Das Nachtgebet musste daher Maria mit den Kindern abhalten, da ich die Gebete und Regeln nicht kannte.

Oswald interessierte sich nicht für die Vorgaben der Kirche, aber seine Eltern, was ich täglich zu spüren bekam. Eine Protestantin im erleuchteten Katholikenhaushalt hielten sie genauso für untragbar, wie die Tatsache, dass ihr Sohn vor Ablauf des „vorgeschriebenen" Trauerjahres eine fremde Frau zu sich holte. Wir teilten zwar noch nicht das Bett miteinander, aber da ich nachts täglich zum wecken in sein Schlafzimmer huschte und wir uns dabei vor dem Tagestrubel besprachen, verdammte man uns als Sünder. Bestimmt nicht vom lieben Gott, sondern nur von Anna Ebner und das erschien mir schlimmer. Tapfer ignorierten wir ihre Vorhaltungen.

Die Dreifachbelastung wurde für mich immens heftig. Um spätestens 21 Uhr lag ich in einem der Betten und stand um halb zwei in der Nacht auf, um Oswald zu wecken und anschließend mit ihm in der Backstube zu arbeiten. Um 4:30 fuhr ich nach Hause, zog mich um und startete eine Stunde später bei Huber. In der Mittagspause kurvte ich zum Essen nach Auggen und machte anschließend die Küche sauber. Gleich darauf musste ich bis um sieben wieder in den Laden, zum Feierabend ging's zurück nach Münstertal. So hatten wir abends nur eine Stunde, um uns besser kennenzulernen und die anstehenden Dinge zu besprechen.

Ich war jung und mein Elan wurde nur durch den familiären Spießrutenlauf gebremst. Oswalds Mutter Anna verhielt sich mir gegenüber arrogant und abwertend. Es wurde schnell deutlich, dass sie mich hasste und ihren Sohn mitsamt Enkel an keine andere Frau abtreten wollte. Von Beginn an machte sie ein harmonisches „miteinander" unmöglich. Ihr dummes Verhalten erschwerte mir das Leben, aber ich nahm an, damit zurechtzukommen.

Mit Stefan und Klaus verstand ich mich indes gut. Oswald erklärte ihnen, ich würde nun öfter kommen, um zu helfen. Sie sollten mich einfach Tante Erika nennen. Die Jungs fanden mich prima und akzeptierten die neue Situation.

Also tippte ich im Juni 1973 auf der alten Schreibmaschine meine Kündigung und stellte mit 21 Jahren die Weichen für ein Leben als zukünftige Ehefrau, Mutter und geschäftliche Selbstständige.

Hatte ich es gut durchdacht? Nein, keinesfalls! Die Entscheidung war lediglich eine logische Folge des Weges, auf den mich das Schicksal schubste.
Emil Huber zeigte sich über meine Kündigung nicht überrascht. Er hatte damit gerechnet. Vermutlich war der geile alte Bock schon auf der Suche nach jungem Nachwuchs, um meine Position neu zu besetzen.

Als ich im August zu Ebners ins Münstertal zog, hatte ich zwei gewaltige Hürden zu nehmen. Meine Eltern ließen mich jedoch mit mahnenden Worten ziehen und akzeptierten meine Entscheidung. Beide sorgten sich jedoch um mich. Wilhelmine erklärte mir wutentbrannt, ich bräuchte niemals wiederkommen. Doch sie hatte keinen Einfluss mehr auf mich und eine Rückkehr kam für mich überhaupt nicht in Frage. Jedenfalls nicht zu ihr und wenn, dann nur um meine Eltern zu besuchen.

Die „Hürde" in Oswalds Familie entpuppte sich aber als weitaus gehässiger
und schwieriger.

Sein 31. Geburtstag wurde zu einem Tag,
der sich schmerzvoll in meine Seele
brannte. Anna Ebner erdreistete sich,
mich während der Feier auf dem Grill-
platz am Rammersbach vor allen Gästen
zu beschimpfen und eine ablehnende
Stimmung gegen mich zu entfachen.

„Schaut sie euch an! Das junge Huhn
dort! Was will Oswald mit so einer? Sie
hat von nichts Ahnung, wie will er mit
der das Geschäft betreiben und dann soll
sie auch noch die Mutter meiner
Enkelsöhne ersetzen. Das schafft die nie.
Zieh ab nach Haus, wo du hingehörst.
Hier wollen wir dich nicht!", schimpfte sie
hasserfüllt mit hochrotem Kopf vor der
versammelten Geburtstagsgesellschaft.

Ihre Worte trafen mich wie Knüppel-
schläge. Mit Tränen der Wut und Verzweiflung verschwand ich hinter einer
stattlichen Eiche und schluchzte. Oswald
kam zu mir und meinte nur: „Reg dich
nicht auf, das gibt sich wieder!" Da war
ich mir aber nicht sicher, zumal Annas
Schwester meine Befürchtungen schürte.

Rosa warnte mich nämlich: „Erika du tust mir ehrlich leid. Ich gebe dir einen gut gemeinten Rat: Fahre nach Hause. Gegen Anna Ebner hast du keine Chance. Das hatte Anita auch nicht, glaub es mir."

Ich war 21 Jahre und das Leben lag noch vor mir. Ich wusste nicht, wie ich mich behaupten sollte, mit direkter Ablehnung konnte ich nicht umgehen.

Mein erster Impuls wollte der Forderung nachkommen: Packen und weg, ab nach Hause. Doch da hätte ich nicht nur täglich Wilhelmines Häme ertragen müssen, sondern hätte auch keinen Job mehr.
Zurück zu Huber auf gar keinen Fall. Und Oswalds Jungs brauchten mich doch. Oder? Einen kurzen Moment war ich hin und hergerissen, doch mein Wille bekam Oberwasser. Ich wollte durchhalten. Selbst als die vermeintlich zukünftigen Schwiegereltern bei meinen Eltern auftauchten und böses Zeugs über mich redeten, ließ ich mich nicht beirren. Mein Vater schmiss die beiden raus. Gut so! Als ich ihn daraufhin traf, erzählte er mir mit Tränen in den Augen, was für schlechte Menschen es wären, die mich dumm nannten und als Ehefrau ihres Sohnes für ungeeignet hielten.

„Kind überlege dir sehr gut, was du da machst", mahnte er und ich nahm ihn wortlos liebevoll fest in den Arm.

Ich bin mir heute nicht sicher, ob ich damals überhaupt mal nachgedacht habe. Wahrscheinlich nicht, denn zum einen konnte ich auf keine Lebenserfahrung zurückgreifen und das Ausmaß des Hasses von Anna Ebner war mir nicht klar. Auch kannte ich die Eigentums- verhältnisse des Gebäudes noch nicht.
Zunächst wurde ich jedoch mit profanen Problemen konfrontiert: Ich konnte nicht kochen, das hatte ich nie gelernt und nun musste ich von einem Tag auf den anderen eine fünfköpfige Familie nebst Mitarbeitenden versorgen. Ich besorgte ein Kochbuch und setzte Rezepte nach Anweisung um. Den Buben schmeckte es, Oswald nörgelte auch nicht, nur seine Eltern meckerten ständig. Ich lernte damit zu leben, denn von meiner Groß- mutter her war ich es gewöhnt, angeblich nichts richtig zu machen. Davon abge- sehen sind die Geschmäcker unter- schiedlich, selten kann man es allen Beteiligten recht machen. Mein guter Wille kollidierte aber weiterhin mit den Intrigen von Oswalds Mutter.
Sie schreckte vor nichts zurück. Selbst im Laden beschimpfte sie mich in Anwesenheit von Kunden und einmal

warf sie sogar ein Gitter aus dem Kühlschrank nach mir, als ich jemanden bediente. Der adrette Herr erschrak und ergriff spontan Partei für mich.

„Was tust du, bist du von Sinnen?", rief er zu Anna. „Du rennst jeden Sonntag in die Kirche und machst auf fromm und lieb. Hier zeigst du also dein wahres Gesicht. Du solltest froh und dankbar dafür sein, das Oswald eine nette junge Frau gefunden hat, die sogar im Laden aushilft. Schäm dich, bei euch kaufe ich erst wieder ein, wenn du dich hier nicht mehr blicken lässt."

Dann sah er mitleidig zu mir: „Sie tun mir leid", meinte er und verließ das Geschäft ohne einzukaufen.

Ich atmete tief aus, das tat gut und gedanklich zog ich meinen nicht vorhandenen Hut vor dem ehrlichen Kerl.

Der ständige Druck mit Ängsten davor, was als nächstes auf mich zukäme, machte mich krank. Ich bekam immer schwerer Luft und manchmal hatte ich Herzrasen. Der Gang fiel mir nicht leicht, aber ich musste einen Arzt aufsuchen.

Doktor Fischer untersuchte mich, dabei fragte er nach Allergien und andere Dinge. Ohne es bremsen zu können, weinte ich drauflos, der Druck musste irgendwo hin und ich erzählte von meinem Übel.

„Ja, jetzt verstehe ich es. Ihre Schwiegermutter ist mir bekannt und ich rate Ihnen nicht dort zu bleiben. Sie werden bei den Ebners niemals glücklich, glauben Sie mir!"

Er stellte Asthma fest und verschrieb mir Tabletten nebst einem Spray. Von den Pillen bekam ich aber noch stärkeres Herzklopfen, doch das Spray half ein wenig. Zweifellos hatte mein Asthma psychische Ursachen, denen ich nicht so einfach entkommen konnte. Das Übel auf zwei Beinen kreuzte mit bösen Absichten weiterhin meine Wege.

Die allabendliche Abrechnung der Kasse ließ sie sich nicht nehmen, bis Oswald entschied, dass ich es nun machen sollte. Eher erstaunt als entsetzt bemerkte ich nach einigen Tagen, dass immer dann 40 Mark fehlten, wenn sie sich kurz vor dem Kassensturz am Tresen herumdrückte. Damit nicht genug kam sogar ein Betrag für den Gesellen „abhanden", dessen Lohn ich abends am Telefon in der Backstube hinterlegte.

Zuerst sprach ich mit allen Beschäftigten und die Putzfrau erklärte mir ohne mit der Wimper zu zucken, dass die Mutter vom Chef immer wieder mal Geld aus der Kasse einstecken würde. Was schlimm sei, weil der Verlust auf die Verkäuferin zurückfiele, wenn die Entnahme nicht in der Buchhaltung notiert wird. Sapperlot, ihre regelmäßige Bereicherung war demnach kein Geheimnis.

Zunächst ging ich der direkten Auseinandersetzung aus dem Weg, um ihr eine Chance zu geben. Ratlos fragte ich meine baldige Schwiegermutter, ob sie wisse, wieso ständig Geld fehle.

Anstatt ihre „Entnahmen" zuzugeben oder eine Erklärung zu bieten, beschuldigte sie mich lautstark, ich sei nur zu blöd zum Rechnen. Hinter meinem Rücken frotzelte sie aber noch dreister, ich sei so dumm, dass ich es nicht mal bemerken würde, wenn Geld fehle. Dass ich sie zuvor befragt hatte und längst nachforschte, erwähnte sie nicht.

Irritiert vertraute ich mich unserem Pfarrer an. Eine artige Kirchgängerin ist eine heimliche Diebin? Ich wollte es eigentlich nicht glauben, obwohl ich mittlerweile überzeugt davon war. Pfarrer Neuhöfer hatte tatsächlich eine Erklärung. „Ältere Menschen haben mit steigenden Lebensjahren Angst vor Armut. Ich sollte mir darüber keine Sorgen machen, mit dem Obolus für die Kirche verhielt es sich nicht anders. Sein Mesmer würde auch klauen."

Was sollte ich mit solch einer Erklärung anfangen? Wenn man Angst vor Verarmung hat, darf man klauen? Mit Gottes Segen, oder wie war das gemeint? Damit konnte ich mich nicht zufriedengeben. Immerhin lag die Abrechnung in meiner Verantwortung. Das Geld gehörte ihr nicht, sondern dem Betrieb, also Oswald.

Es war keine Frage mehr, dass ich sie überführen musste. Nur wie konnte ich das am besten anstellen? Zuerst notierte ich mir die Aussagen einiger Mitarbeitende, denn außer mir und Oswald wussten anscheinend alle von der diebischen Elster im Haus. Ich ließ mir zusichern, dass die „Wissenden" mit Annas „Entnahmen" nicht einverstanden und auf meiner Seite waren.

In Ebners Wohnstube konfrontierte ich sie wenig später mit der Wahrheit:

„Hör mir zu, ich weiß, dass du regelmäßig Geld aus der Kasse oder vom Tresen nimmst. Das muss aufhören! Der Strick, den du mir mit deinen Lügen drehen willst, wird sonst zu deinem. Es gibt genügend Zeugen. Beende es bitte!"

Meine zukünftige Schwiegermutter tat entsetzt und beleidigt, aber erwiderte nichts Konkretes zum Vorwurf. Schon zwei Tage später fauchte mich mein Schwiegervater in spe an, wie ich dazu käme, seine Frau des Diebstahls zu beschuldigen.

„Na ja," antwortete ich gelassen, „Weil es die Wahrheit ist. Dafür gibt es Zeugen."

Kurz darauf erfuhr ich, dass sogar Oswalds Schwester seit geraumer Zeit von den Diebstählen wusste und sich ihre Eltern bei ihr sogar Rat holten, was sic nach mcincr Anschuldigung tun sollten.

Sie riet ihnen, die Sache aufzuklären.
Weiteres Leugnen würde die Situation unnötig zuspitzen. Es dauerte nicht lange, bis Hugo Ebner mich zu sich bestellte und einlenkte. Seine Frau habe das Geld genommen, um es für ihre Enkel zu sparen, für alle Fälle. *„Für welche Fälle?",* schoss es mir durch den Kopf, was für Fälle? Ich stufte die Aussage als notdürftig erfundene Erklärung ein.

Selbst wenn da was dran war, wie viele Jahre wollte sie das durchziehen? Bis die Jungs volljährig sind? Ich glaubte es

nicht. Davon abgesehen war Oswald verantwortungsvoll und sorgte schon selbst „für alle Fälle" vor. Na ja, zumindest konnte ich seinen Eltern klar machen, dass ich nicht nur rechnen konnte, sondern mich auch ansonsten nicht für dumm verkaufen ließ.
Freunde wurden wir dadurch aber nicht. Ich musste fortwährend davon ausgehen, dass Anna Rachegelüste hatte und war ständig auf der Hut.

Von meiner in diese Familie zu wechseln war ein leichter Schritt.

Es durchzustehen, wurde zu einem langwierigen harten Kampf. Aber ich hielt den Gang vom „Regen in die Traufe" eisern durch. Schwierigkeiten hatte ich nur mit seinen Eltern und anscheinend konnte oder wollte mein Gatte keinen Einfluss auf sie ausüben.

Mit ihm und seinen Söhnen wurde meine Beziehung stetig besser. Ob ich verliebt war, vermag ich nicht behaupten zu können, vermutlich nicht, aber es hatte sich eine tiefe Zuneigung mit gegenseitigem Respekt entwickelt. Das war schon mehr, als es manch andere Paare von sich sagen konnten.

Aus dem „Arrangement der Not" ergab sich schrittweise ein harmonisches Familienleben. Na ja, abgesehen von Anna und Hugo Ebner, mit denen ich ständig im Clinch lag. Mit Rosa verband mich mittlerweile eine innige Beziehung und sie wurde zur Freundin, bei der ich mich ausheulen oder Rat holen konnte.

Unsere Freundschaft löste bei Anna Ebner noch mehr Missgunst aus. Das ließ sie uns auch spüren. Als Rosa und ich eines Tages mit dem Abwasch beschäftigt waren, kam sie hinzu und fauchte ihre Schwester an: „So, bisch du au wieder do, du verlogene Sau." Einen Moment war Rosa sprachlos, bevor sie antwortete:

„Was sagst du? Jetzt reicht es aber. Verschwinde!" Gehässig keifte Anna zurück: „Du chanscht mi nit fortschicke us unserem Hus!"

Nun schlug Rosa wütend mit dem Geschirrtuch auf sie ein, bis Anna die Küche verließ. Rosa weinte bitterlich und nicht nur aus Trotz, sondern weil sie es richtig und gut fand, meinte sie: „Erika, du tust mir leid. Diese böse Schwiegermutter hast du nicht verdient und ich komme weiterhin. Ich lasse dich nicht im Stich!" Das tat mir gut und bis heute habe ich nicht begriffen, warum Anna

Ebner so bösartig und unzufrieden mit ihrem eigenen Leben war.

All diese Begebenheiten sorgten dafür, dass meine Asthma-Anfälle überhandnahmen und es wurde Zeit, klare Verhältnisse zu schaffen. Der „sündige Schwebezustand" war nicht mehr hinnehmbar. Ich forderte von Oswald die Heirat, um meine Position zu verdeutlichen und damit letztlich alle anderen wussten, woran sie waren.

Oswald hielt Wort und wir planten unseren Gang zum Standesamt mit kleiner Feier für den Januar im heraneilenden neuen Jahr. Die ersten Wochen eines Jahres waren stets eine umsatzschwache Zeit, da konnten wir das Geschäft mal einige Tage den Mitarbeitenden überlassen.

Anna Ebner forderte lautstark, ich solle mich gefälligst umtaufen lassen und Katholikin werden. Evangelisch zu bleiben wäre geschäftsschädigend und eine Familie dürfte ich mit ihrem katholischen Sohn ohnehin nicht gründen.

Ich erkundigte mich und erfuhr, dass ich Unterricht nehmen und eine Prüfung ablegen müsste. Was für ein Zinnober.
Oswald und seinen Jungs war es egal, ob ich evangelisch blieb oder katholisch

wurde. Im Laden hatte sich noch niemand beschwert, also änderte ich nichts.

Wir freuten uns auf die Zeremonie mit anschließendem kurzem Urlaub und besonders auf die Hochzeitsnacht. Es wurde Zeit, dass wir auch „das" mal in Ruhe und „sündenfrei" genossen. Wir wollten gerne miteinander schlafen, was in katholischen Familien nur als Ehepaar statthaft war.

Zudem hatte ich den Wunsch, neben Oswalds Jungs auch ein eigenes Kind mit ihm zu zeugen. Ein sündiger Ausrutscher zuvor reichte nicht aus, aber wir wussten dadurch, dass es uns miteinander gefiel. Ich hatte jedoch große Mühe, die Vergewaltigungen aus meinem Kopf zu bekommen. Oswald hatte ich noch nichts davon erzählt und das ändert sich erst jetzt mit diesem Buch. Warum ich über die Verbrechen an mir nicht reden wollte, noch immer nicht sprechen kann, ist mir weiterhin nicht klar. Fühlte ich mich schuldig? Schämte ich mich ohne eigene Schuld? Wollte ich noch immer einen Skandal vermeiden oder hatte ich Angst vor dem, was dann kommen könnte? Es war wohl alles zusammen. Davon abgesehen morste mein Unterbewusstsein, dass Anna und Hugo Ebner alles gegen mich verwendet hätten und mir niemand glauben würde. Aber nun war ich auch noch für zwei Kinder verantwortlich, die ich keinesfalls in meine Probleme hineinziehen wollte, was aber unweigerlich der Fall gewesen wäre.

Das „Kapitel Huber" blieb Zeit meines Lebens unerledigt und gehört zum Gepäck meines Lebens, das stetig schwerer wurde.

Ja-Wort mit unvorhersehbaren Folgen

Jm Oktober 1973 gelang es mir, einen Nachmittag „freizuschaufeln", um meinen Termin im Müllheimer Brautmodengeschäft wahrzunehmen. Ein Hochzeitskleid kauft man ja nicht mal eben so nebenbei. Ich fand ein wahrlich schönes, strahlend weißes Kleid mit irre langem Brautschleier, der bis zum Po reichte.
Ein Traum in Weiß, den ich bei meinen Eltern deponierte.

Unser Hochzeitsdatum legten wir für Samstag den 12. Januar fest und alles war präzise geplant und „durchgetaktet."
Freitagabend fuhr ich nach Auggen und übernachtete in meinem alten Zimmer, um Sonnabend um 7 Uhr in der Früh beim Friseur zu sein. Dort zog ich mein Brautkleid an und bekam eine himmlische, dem Anlass angemessene Frisur. Die Friseurin steckte mir den Schleier in die Haare und chauffierte mich sogar mit ihrem Wagen zurück. Punkt neun Uhr erschien mein Bräutigam mit einem prächtigen Brautstrauß aus Orchideen. Mit edler Fliege am Kragen und im schicken Anzug sah Oswald toll aus. Am Standesamt erwartete uns um zehn ein großer „Bahnhof".

Oswalds Schwester mit ihrer Familie, Rosa, zwei unserer Aushilfsbäcker mit ihren Ehefrauen, unser Geselle, meine Patentante Gertraud mit Ehemann Max. Pate Fritz mit seiner Frau Margret, Oswalds Cousin Bernhard mit Bärbel, natürlich meine Freundin Lisbeth mit ihrem Mann Simon sowie meine lieben Eltern und einige andere Verwandte. Oswalds Eltern und Marie kamen nicht und das war auch gut so. Sie tolerierten es nicht, dass sich ihr Sohn vor Ablauf des Trauerjahres neu vermählte.

Wir heirateten im Januar und nach kirchlicher Regel hätte Oswald bis zum März warten sollen. Ein solch sündiges Verhalten duldete der katholische Glauben nicht und aus Rücksicht vor empfindsamen, gläubigen Seelen ließen wir uns in der evangelischen Kirche Auggen durch einen katholischen Pfarrer trauen. Auch im Kundenkreis vermieden wir durch den Ortswechsel nach Auggen unangenehmes Gerede in Münstertal.

Zur Wahrung des Familienfriedens und mit Rücksicht auf Oswalds katholische Jungs lief die Zeremonie nach katholischer Art ab. Alles in allem wurde es ein festlich schöner Tag mit wunderbaren Eindrücken und einer ausgelassenen Feier mit Sektempfang im Gasthaus

„Rebstock". Als Vorspeise wurde die seinerzeit traditionelle Nudelsuppe serviert. Anschließend bewirteten wir unsere Gäste mit Salatplatte, gemischtem Gemüse und schwäbischen Spätzle mit Kalbsfleisch. Als Dessert gab es Vanillepudding und obendrauf heiße Himbeeren.

Die Küche des „Rebstocks" war bekannt für leckeres Essen und sie wurden ihrem Ruf gerecht. Zum Tanz spielte eine tolle Kapelle auf, es geht doch nichts über Live Musik. Oswalds Cousin war Mitglied der Band und hatte alles famos organisiert.

Unsere ersehnte Hochzeitsnacht verzögerte sich um mehr als eine Stunde aus kuriosem Anlass. Die Befestigung meines Brautschleiers verhakte sich derart mit den Haaren, dass es nicht schneller ging. Endlich davon befreit, hatten wir dennoch Freude und eine lustige Erinnerung zugleich.

Für unsere Flitterwoche reisten wir hinauf zum Feldberg, weil Oswald leidenschaftlich gerne Ski fuhr. Ich hatte die langen, gleitenden Dinger zuvor noch nie unter meinen Füßen und entsprechend oft fiel ich in den Schnee. Meinem Mann wäre es eine Freude gewesen, wenn ich daran Spaß gefunden und es gelernt hätte. Sobald ich wieder mal in den Schnee stürzte, was mir zahlreich gelang, lachte Oswald: „Wer hinfällt, muss einfach nur wieder aufstehen!"

Aber nach dem x-ten Sturz habe ich die Ski weit von mir geworfen und wütend „Leck mich am Arsch!" geflucht.
Frustriert zog ich mich ins Hotel zurück.
Trotz allem waren es schöne Tage. Keine Schwiegermutter, die mich nervte und keine Arbeit, für die ich im Morgen-grauen aufstehen musste.

Meine Beziehung zum Skifahren hat sich übrigens nie verbessert.

Schon kurz darauf hatte uns der Alltag wieder im Griff. Wenn meine Schwieger-mutter in der Nähe war, wurde es schnell zum gefühlten Würgegriff und das Asthma brach durch. Es wurde einfach nicht besser. Unbewusst setzte ich mich auch selbst unter Druck. Ich wollte eine gute Mutter sein, eine famose Ehefrau und beliebte Verkäuferin, das Personal sollte mich anerkennen. All das unter einem Dach mit intriganten Schwieger-eltern im Nacken und ohne eine Minute Zeit nur für mich. Mein Verhältnis zu Stefan und Klaus wurde von Anna immer wieder torpediert. Die Jungs sagten gerne

„Mama" zu mir, aber ihre Oma fauchte gehässig:

„Zu der müsst ihr das nicht sagen, das ist nicht eure Mutter!", was nur einer von vielen Versuchen war, mich zu diskreditieren. Aber die Brüder waren klug und begriffen die Bosheit der Oma.

Nach und nach entwickelte sich ein nettes Verhältnis zu Oswalds Schwägerinnen und auch zu Theresia, der Mutter seiner verstorbenen Ehefrau, die von den Jungs „Oma Bohn" genannt wurde. Aber Theresia wollte wiederum nichts mehr mit seinen Eltern zu tun haben und mied das Ebner Haus. Ihre Tochter Agnes rief uns jedoch öfter an, um sich nach Klaus und Stefan zu erkundigen. Manchmal besuchte ich sie mit den Jungs und sie nahm sich Zeit für ihre Enkel. Mit Agnes verband mich schon bald eine Freundschaft. Ihr gelang es, mich immer wieder aufzubauen, wenn ich an der bösartigen Missgunst meiner Schwiegermutter verzweifelte. Ihre Hetze ging sogar so weit, dass sie mich bei wichtigen Kunden ins schlechte Licht setzte. Als ich eines Abends mit der Seniorchefin des Hotels „Spielweg" zur Bestellannahme telefonierte, lud sie mich mit Oswald zu einem „Plausch" ein, damit sie mich mal kennenlernt. Frau Stämmle war eine gute

Freundin von Oswalds Eltern und zwei Wochen später saßen wir ihr gegenüber. Nervös spürte ich, dass sie mich analytisch beobachtete.

„Sie sehen gar nicht so böse aus, wie man es über Sie erzählt", meinte Frau Stämmle nach einer Weile. Verflixt, es war klar, dass ihre Freunde Anna und Hugo Ebner mich bei ihr schlecht dargestellt hatten.
Zumindest hatte sie jetzt einen eigenen Eindruck gewonnen. Es war eine grausame Krux mit den alten Ebners und besonders mit meiner Schwiegermutter.
Niemand kam mit ihr klar und alle nicht zur Familie gehörenden Frauen litten unter dem Hausdrachen. Selbst als Ehepartnerin ihres Sohnes zählte man nicht zur Familie. Schon gar nicht als evangelisch getaufte Person.

Es war fürchterlich, was auch an der Aufteilung der Räume im Haus lag. Wir hatten ein Badezimmer mit Wanne, sie nicht. Zudem kamen sie jeden Tag zum Essen zu uns, bis wir die Uhrzeit auf den Schulschluss der Buben legten, denn Hugo und Anna wollten regelmäßig vor dreizehn Uhr essen, wodurch sich für mich stets zwei Arbeitsgänge ergaben. Es passte anfangs vorne und hinten nicht, aber schrittweise konnten wir uns räumlich und in den Essenszeiten von ihnen distanzieren. Natürlich nicht ohne Aufregung, aber zu guter Letzt kochten sie für sich selbst und mein Mann verbannte seine Mutter aus dem Badezimmer unserer Wohnung. Schritt für Schritt ging es langsam voran. Der Betrieb florierte und wir vergrößerten ein Jahr nach unserer Hochzeit den Laden für ein breiteres Angebot. Oswald renovierte einen bisher ungenutzten Raum, mit dem wir die Verkaufsfläche erweiterten und Produkte von Edeka übernahmen. Die Bäckerei mussten wir deshalb einige Wochen schließen und werkelten jeden Tag bis in die Nacht hinein, damit wir schnell wieder öffnen konnten. Der Verkaufsraum wurde ansehnlich größer und wir nahmen Gemüse, Obst, Wurst und Käse sowie Tiefkühlkost ins Sortiment auf. Der regionale Standort war ideal, denn wir betrieben das einzige Geschäft in unserem Wohnbezirk und eröffneten es im Juni 1975 neu.

Im Winter gönnten wir uns zur Fastnacht ausnahmsweise eine Woche Ferien und fuhren mit Stefan und Klaus zum Skifahren. Die beiden waren viel zu kurz gekommen und es wurde ein herrlicher Urlaub, an den wir uns noch heute gerne erinnern. Zwischen Stefan, Klaus und mir entwickelte sich eine gute Beziehung und im Laufe der Zeit übertrugen sie mir die Rolle ihrer Mutter.

Ein Erinnerungsfoto aus den ersten Monaten mit Stefan und Klaus sowie eines mit Oswald während eines Bummels auf einer Bank

Der tödliche Fluch einer Minute

Manchmal beginnt ein Leidensweg mit großer Freude, die eine baldige, schmerzvolle Dramatik nicht im Ansatz erkennen lässt. Plötzliche Ereignisse sind in den seltensten Fällen vorhersehbar, noch nicht einmal ahnen kann man das kommende Unglück.

Oswalds Eltern änderten ihr Verhalten nicht und ich ging ihnen aus dem Weg. Dafür harmonisierte meine Ehe mit Oswald und die Beziehung zu seinen Söhnen entwickelte sich famos. Der Betrieb lief ebenfalls prächtig und unser gemeinsamer Wunsch, ein Kind zu bekommen, wurde erfüllt. Als meine Schwangerschaft bestätigt wurde, waren wir in glücklicher Vorfreude. Da es für mich das erste Mal war, habe ich mich kritisch beobachtet, aber es verlief alles unproblematisch. Für uns war es nicht relevant, ob wir einen Jungen oder ein Mädchen bekommen. Wir planten nichts vorab, nur um einen Kinderwagen kümmerten wir uns schon.

Nach 36 Wochen hatte das Kind immer noch keine Lust auf die Welt zu kommen. Im zehnten Monat entschied mein Frauenarzt, die Geburt im Krankenhaus einzuleiten.

Ausgerechnet in der gleichen Woche erkrankten Stefan und Klaus solidarisch
gemeinsam an Masern und lagen zu
Hause im Bett, Oswald war unterwegs.
„Na super", dachte ich. Das passt. Kann
nicht irgendetwas in meinem Leben mal
reibungslos ablaufen? Ich bat unsere
Putzfrau Angelika sich um die Jungs und
um manch anderes zu kümmern, bis
mein Mann wieder da wäre. Angelika
machte dem Begriff „Perle" alle Ehre und
ohne Murren sagte sie zu. Für mich war
es die Hauptsache, Oswalds Eltern nicht
fragen zu müssen. Wir hatten es ge-
schafft, nicht mehr oft mit ihnen zu tun
haben zu müssen und im Haus vermied
ich jeglichen Kontakt. Ich wollte sie noch
nicht einmal von hinten sehen.

Mich erwartete eine ganz andere Stra-
paze. Ich wusste natürlich nicht was es
bedeutet, eine Geburt „einzuleiten" und
es drängten sich sofort beängstigende
Sorgen in den Vordergrund. Nicht nur
um meine Gesundheit, sondern um den
Nachwuchs in mir machte ich mir alle
möglichen Gedanken. Warum klappt es
bei mir nicht? Ist das Kind gesund?

Meine Befürchtungen lösten sich in
Wohlgefallen auf, als unsere Tochter
Karin am 2. Mai 1976 um 14:34 Uhr
putzmunter mit großen Augen das Licht

eines wundervollen Frühlingstages erblickte.

3200 Gramm und 52 cm strampelten
sich ins Leben. Ihre niedliche Stupsnase
passte zu den noch spärlichen blonden
Haaren. Nie zuvor war ich glücklicher.

Damals wurden Mutter und Kind nach
der Entbindung getrennt und ein zehn-
tägiger stationärer Aufenthalt war die
Regel. Aber ich wollte weder zehn Tage
von ihr noch von meiner Familie und
auch nicht vom Geschäft getrennt sein.
Also verließ ich die Klinik auf eigene Verantwortung nach fünf Tagen und alles
lief glatt. Endlich schien ich mit der Welt
und meinem Schicksal im Lot zu sein.
Stillen wurde von der Flasche verdrängt
und Karin nahm sie sofort an.
Karin entpuppte sich als pflegeleicht. Sie
quengelte selten und machte einen rund-
um zufriedenen Eindruck.

Stefan
und Klaus
mit ihrer
Schwester

Meinen Schwiegereltern präsentierte ich ihre Enkelin geraume Zeit nicht. Maria jedoch half mir mit Rat und Tat und ich fasste Vertrauen zu ihr. Zwischenzeitlich hatte ich erfahren, dass sie über ein vertragliches Wohnrecht verfügte und bislang kamen wir auch ganz gut miteinander aus. Sie lag mir aber ständig in den Ohren, ich solle Karin den Großeltern nicht vorenthalten. Ich ließ mich überreden. Leider, denn sie hatte nichts Besseres im Sinn, als sich selbst in den Vordergrund zu spielen. Mit den Worten „Schaut mal, was ich erreicht habe. Erika wird einsichtig und merkt endlich, was sie an euch hat", präsentierte sie mich mit dem Baby. Beinahe hätte ich Karin vor Schreck fallengelassen. Diese widerliche Selbstsucht hatte ich ihr nicht zugetraut. Oswald schüttelte den Kopf, als ich es ihm abends erzählte und murmelte vorwurfsvoll: „Wie kannst du nur so naiv sein!"

Der nächste Disput mit Maria ergab sich beim Aufhängen der Wäsche. Natürlich musste ich nun viel mehr und öfter waschen. Die Klamotten der Jungs, Oswalds Kleidung, meine eigene und dazu ein Baby versorgen. Da ich täglich im Laden arbeitete, musste ich es an den Wochenenden machen. Wir hatten einen überdachten Balkon, wo ich die Wäsche zum Trocknen aufhängen konnte. Dabei kam ich mal wieder mit den religiösen Regeln in Konflikt. Oder besser gesagt mit der „heiligen Maria", der Hüterin des Katechismus.

„Sonntag ist ein heiliger Tag, da arbeitet und wäscht man natürlich nicht!", wetterte sie und nahm die nasse Kleidung einfach wieder ab. „Das ist Sünde!", mahnte sie und für einen Moment war ich sprachlos. Der liebe Gott schert sich darum, dass ich sonntags Wäsche wasche? „Dann wasch du doch während der Woche!", schlug ich ihr vor. „Du hast eh nichts zu tun." Da fiel ihr nichts anderes ein, als „gekonnt" herzergreifend zu jammern und den Herrgott zu bitten, sie zu holen, sie würde es nicht mehr aushalten.

„Dich will noch nicht einmal der Teufel!", fauchte ich zurück und bekam wegen des Fluchs sofort ein schlechtes Gewissen. Meine impulsiven Worte nagen noch heute an meinem Gewissen. Aber dass wir „nebenbei" ein Unternehmen am Laufen hielten, begriff Maria anscheinend nicht. Es war ihr wichtiger, nach außen die Einhaltung kirchlicher Regeln zu demonstrieren. Ich bin mir absolut sicher, dass der liebe Gott keine Einwände hatte, doch das war wohl egal. Hugos

Schwester quengelte weiterhin, ich solle meinen Schwiegereltern unser Baby nicht ständig vorenthalten. Aus guten Gründen reagierte ich nicht darauf. Nach einiger Zeit kam Anna Ebner dann „höchst selbst" zu mir und fragte überraschend freundlich, ob sie ihre Enkelin besuchen dürfte. Einen Moment lang bewegte ich ihre Frage in meinem Kopf und erlaubte es. Sie freute sich ohne fiese Begleitworte. Immerhin. So ergab es sich, dass wir manchmal mit allen Tanten, Onkeln und Großeltern wie eine klassische Familie spazieren gingen.

Karin wurde von allen umschwärmt, während die Jungs mehr Spaß mit ihren Freunden hatten und die Großeltern nur noch selten besuchten.

Meine Schwiegermutter mit Enkelin Karin auf dem Arm. Im Hintergrund wache ich mit Argusaugen

Die Monate vergingen wie im Flug. Karin lernte laufen, brabbelte ihre ersten Worte und die Feindseligkeiten von Oswalds Eltern reduzierten sich auf ein erträgliches Maß. Es wurde nicht harmonisch, aber zumindest erträglicher.

Theresia, die Mutter von Oswalds verstorbener Ehefrau, die für uns immer Oma Bohn war, lernte Karin ebenfalls kennen und schloss ihre Stiefenkelin ins Herz. Da sie das Haus der Ebners nicht mehr betrat, besuchte ich sie mit meinem Baby glücklicherweise noch bevor die alte Dame erkrankte und im Juli 1978 starb. Mir war sehr traurig zumute, denn sie gab mir von Anfang an Mut ohne zu sticheln, obwohl ich den Platz ihrer verstorbenen Tochter einnahm. Nachdem wir uns kennenlernten, nahm sie mich in den Arm und meinte: „Du schaffst das, was Anita nicht hat durchhalten können! Ich weiß, wie schwierig es in dieser Familie ist. Alles Gute!"

Und nun war auch sie von uns gegangen.

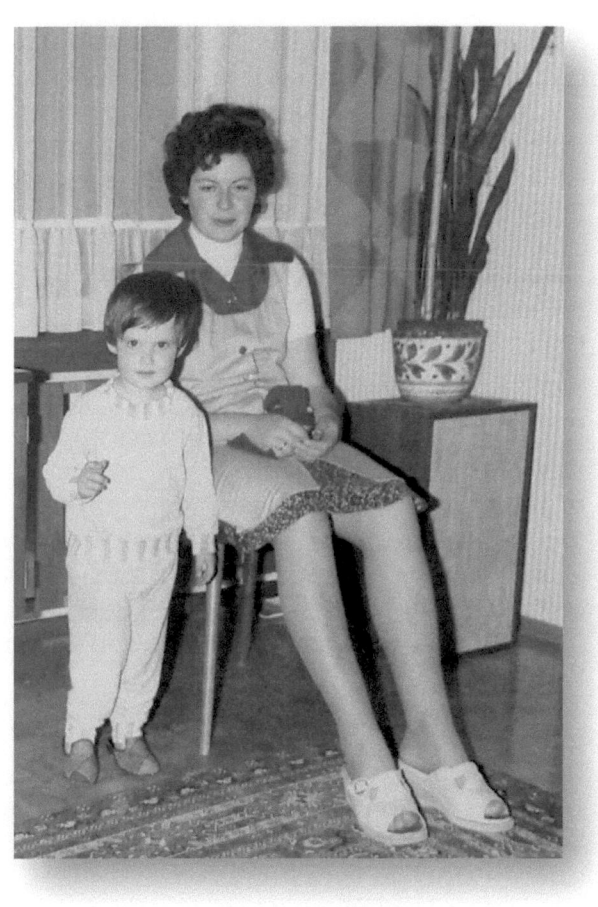

Karin mit mir in der Wohnstube

Mein Mann nahm Theresias Tod gefasst auf, aber ich spürte seinen Kummer. Nun kam auch Anitas Leidensgeschichte nochmals zum Vorschein und das nagte an ihm. Selbstverständlich wollten wir zu ihrer Beerdigung. Es war Mittwoch der 2. August 1978, als wir gemeinsam zum Friedhof wollten.

Draußen warteten wir nur noch auf meinen Schwiegervater, der als stolzer Opa mit seiner Enkelin Karin Oswalds Schwester Edith besuchte.

Ich gönnte es ihm, auch wenn unsere Beziehung nach wie vor nicht im Lot war. Was dann passierte, läuft noch immer in vielen Albträumen in meinem Kopf per Zeitlupe ab. Am Tag von Theresias Beerdigung warteten wir an der wenig befahrenen Hauptstraße im Ortsteil Rotenbuck.

Hugo Ebner fuhr langsam den Berg herauf, parkte auf der anderen Seite am Ufer des Bachs und mit Karin fest an seiner Hand wollte er die Straße überqueren und zu uns kommen.
Abwartend, weil sich ein Auto näherte, blieb er mit der Kleinen am Bordstein stehen. Karin entdeckte uns aber, riss sich urplötzlich von Opas Hand los und rannte auf die Straße. Der Fahrer im

roten Ford Fiesta trat sofort auf die Bremse. Es quietschte laut, Sand spritzte hoch, dann folgte ein dumpfes Geräusch. Das Auto knallte gegen Karin, ihr Kopf zertrümmerte den Scheinwerfer und die Stoßstange rammte den kleinen Körper.

Zwei oder drei Sekunden war es still, es kam mir wie Minuten vor. Meine Tochter blutend auf dem Asphalt, der ältere Herr verharrte am Steuer des Fahrzeugs in Schockstarre und wie aus weiter Ferne hörte ich mich aufschreien.

„Karin!", dann umringten wir den leblosen Körper. Sie war bewusstlos, blutete heftig am Kopf, ihre Lippen schimmerten blau. Oswald hob sie behutsam auf und im eigenen Auto rasten wir zu unserem nicht weit entfernt wohnenden Hausarzt. Er reanimierte sie, rief einen Rettungswagen, um sich sofort erneut um das Unfallopfer zu kümmern, während ich durchdrehte, schrie, weinte und meine Verzweiflung nicht mehr in den Griff bekam.

Der Doktor gab mir eine Beruhigungsspritze, die nur geringfügig wirkte.

Als der Rettungswagen mit Blaulicht und Sirene davon brauste, schaute ich atemlos mit großer Leere hinterher. Ich durfte nicht mitfahren, doch Oswald war bei ihr und das war gut so.

Der Fahrer des Fords war gleichfalls erschüttert und wusste nichts zu sagen.

Was sollte er auch kund tun? Ihn traf keine Schuld, er hat das Unglück nicht kommen sehen. Der alte Mann und das kleine Kind standen auf dem Gehweg und es gab keine Anzeichen, dass sie direkt vor sein Auto laufen würde. Er fuhr auch nicht zu schnell. Nein, wir konnten ihm keine Vorwürfe machen. Er war zum falschen Zeitpunkt am falschen Ort. Nur eine Minute früher oder später wäre die Tragödie nicht geschehen.

Der grauhaarige Herr war zur Kur in Badenweiler und wollte sich die Gegend ansehen. Er wird es sicherlich ebenfalls niemals vergessen und ich habe nicht erfahren, wie sehr ihn seine Erinnerung an diesen Tag heute noch plagt.

Zu Hause entdeckte ich Stefan und Klaus draußen im Spielen vertieft. Behutsam erklärte ich ihnen, was passiert war. Ich glaube, sie konnten es noch nicht sofort verstehen und richtig einordnen. Aber wie denn auch, selbst mir gelang das nicht.

Erschüttert saß ich fassungslos in der Küche und es war gut, dass mich alle alleine ließen. Was hätten sie tun können?

Darüber, wie es meinem Schwiegervater ging, machte ich mir in diesem Moment keine Gedanken. Quälte er sich mit Vorwürfen? Hätte er Karins Hand fester halten sollen, schneller reagieren und sie zurückhalten? Wäre ihm das überhaupt möglich gewesen? Ich weiß es bis heute nicht und damals grübelte ich nicht darüber nach.

Der Anblick meiner blutenden, leblosen Karin am Boden blendete alles andere aus.

Am späten Nachmittag kam Oswald mit einem Taxi zurück. Seine rot geweinten Augen signalisierten nichts Gutes.
Wortkarg erklärte er mir, dass Karin nie wieder das Kind sein würde, dass es eben noch war. Sofern sie überleben würde, was nach ärztlicher Auskunft unwahrscheinlich war. Ihre heftige Kopfverletzung hatte schwerste Auswirkungen auf das kleine Gehirn.

In meinem Kopf wirbelten die Gedanken so wild und schnell durcheinander, dass ich mich an keinen einzigen davon richtig erinnern kann. Ich weiß nur noch, dass sie schmerzhaft wie Querschläger einschlugen und ich nahe dran war, durchzudrehen.

Am Donnerstag durfte ich sie endlich in der Freiburger Klinik besuchen. Meine kleine Karin mit vielen Schläuchen am zierlichen Körper, Geräte ums Bett herum, ein grausiger Anblick.
Am folgenden Freitag eröffnete mir der Chefarzt die düstere, hoffnungslose Prognose. Wie in Trance saß ich an ihrem Bett und weinte. In den folgenden Tagen erhöhte sich ihr Fieber und aufgrund einer Fahrlässigkeit kam es zu einem Urinstau, die zu einer Blasenentzündung führte.

Kurzerhand sorgte unser Hausarzt dafür, dass Karin in die Säuglingsstation verlegt wurde, die ebenfalls Intensivmedizin bot und vor allen Dingen eine gründlichere, medizinisch und personell bessere Versorgung.

Für Oswald war es unerträglich und er flüchtete sich in Arbeit. Er kapselte sich von allem ab. Umso mehr Aufmerksamkeit widmete ich neben allen anderen Aufgaben und vielen Klinik-Fahrten den Jungs. Stefan und Klaus versuchten fast erwachsen scheinend sich nichts anmerken zu lassen. Dabei waren sie ja erst 9 und 10 Jahre alt und einerseits konnten sie das Geschehen mit meinem Zustand noch nicht vollständig begreifen, aber sie hatten ein intuitives Geschick, sich der Situation zurückhaltend anzupassen.

Aber es war klar, dass sie die Situation nicht verarbeiten konnten. Obwohl ich täglich bei Karin in der Freiburger Klinik war, vermittelten mir die Brüder, damit klar zu kommen. Das Klinikpersonal gab mir Trost, den ich zuhause nicht fand, nicht finden konnte.

Die Kleine kam nach einigen Wochen zu Bewusstsein, aber sie reagierte nicht. Es schien, als nähme sie nichts mehr von dieser Welt wahr und erkannte mich nicht. Als ich weinend am Rollstuhl meiner Tochter saß, umarmte mich eine junge Schwester und flüsterte mir zu:

„Karin möchte nicht, dass Sie weinen. Sie spürt es und kann es ihnen aber nicht mitteilen."

Meine Tochter wurde mehrmals in der Woche zur Physiotherapie gebracht und das Herz einer Mutter verliert niemals die Hoffnung, so auch ich. Oswald fuhr nun einmal im Monat nach Freiburg, aber er blieb wortkarg und konnte seine stille Verzweiflung nicht ausdrücken. Erst verlor er seine Frau, und ausgerechnet am Tag der Beerdigung seiner ersten Schwiegermutter passierte das Schreckliche. Wie soll man mit solchen Schicksalsschlägen umgehen?

Wir konnten nicht darüber reden und blieben mit unserem Seelenschmerz allein. Meine Schwiegereltern und Tanten blieben fern, sie besuchten Karin nur zwei oder dreimal und distanzierten sich noch mehr von mir. Oswalds Mutter motzte hinter meinem Rücken kalt und herzlos über meine Besuche in der Klinik.

„Erika sollte sich um das Geschäft kümmern, das wäre wichtiger, ihr Kind merkt sowieso nichts mehr!"

Woche für Woche ertrug ich es, dass sich keine erkennbare Gesundung einstellte.

Nach knapp acht Monaten wurde Karin nach Schönberg bei Calw in eine Reha-Klinik verlegt und ich begleitete sie.
Meine Tochter sollte nicht ohne Bezugsperson in einem neuen Umfeld ankommen. Davon abgesehen wollte ich präzise erfahren, wo sie ist und wie es dort sein wird. Niemand konnte wissen, ob und was genau meine Kleine wahr nahm und wie sie sich dabei fühlte. Die Reha-Kinderklinik lag mehr als 200 Kilometer

von Münstertal entfernt. Ständige Besuche waren mir nun nicht mehr möglich und es war tröstlich, dass sich Krankenschwester Roswitha Engel sehr fürsorglich um Karin kümmerte. Sie machte ihrem Namen alle Ehre und verhielt sich wie ein Engel. Als ich ihr mitteilte, dass meine Tochter lieber Apfelsaftschorle und keine Milch zum Frühstück trank, setzte sie meinen kleinen Wunsch gleich am nächsten Tag um.

Karin hätte gelacht und sich gefreut, versicherte sie mir am Telefon. Roswitha wurde zum wichtigsten Bindeglied zwischen Karin und mir. Ich wusste fortan, dass sich meine Kleine in guter Obhut befand.

Täglich telefonierte ich mit Karin. Es war ein Monolog, während Roswitha den Hörer an Karins kleines Ohr hielt. Mein Gott, wie gerne hätte ich gewusst, ob sie mich verstand, wenn ich ihr etwas erzählte.

In Schönberg gab es auch für mich eine psychische Betreuung. Wenn es mir wieder einmal besonders schlecht erging, bemühte sich eine gut ausgebildete Sozialarbeiterin um mein Seelenheil.

Oswald schluckte seinen Kummer und Schmerz in sich hinein und im August

1979 erkrankte er mit gravierenden Darmbeschwerden. Auch das noch! Das Leben hatte sich von Anfang an gegen mich verschworen und trieb alles auf die Spitze. Wie sollte ich das alles ertragen?

Unser Arzt ordnete die stationäre Aufnahme in einer psychosomatischen Klinik in Gengenbach an.

Wumms! Plötzlich war ich ganz allein mit Haushalt, Betrieb, Kinder und zwei lieben Menschen in verschiedenen Krankenhäusern. Glücklicherweise übernahm unser Geselle den Backbetrieb. Er war besonnen, fleißig und clever, ich konnte mich auf ihn verlassen.

Mittwochnachmittags besuchten Stefan und Klaus mit mir ihren Vater, weil das Geschäft nachmittags geschlossen war und sonntags, wenn der Laden ebenfalls zu war, fuhr ich zu Karin. Meistens begleiteten mich die Jungs und wir erlebten Karins Fortschritte. Als sie uns nach einiger Zeit erkannte und munter lächelnd begrüßte, erlebte ich ein großartiges Glücksgefühl.

Die Hoffnung stirbt bekanntlich zuletzt und der hoffnungsvolle Schimmer wurde stetig heller. Ich telefonierte weiterhin jeden Tag mit ihr bis zum 25. Oktober

1979. Da wurden wir abrupt unterbrochen.

„Frau Ebner legen Sie bitte auf, wir
brauchen einen Arzt, schnell ...!"

Am anderen Ende wurde es still, nur das
Rauschen und vereinzelte Knarzen der
Leitung hörte ich. Meine Nervosität über-
spielend redete ich mir ein, das hatte
nichts mit Karin zu tun. Irgendein Not-
fall, irgendwas anderes, dachte ich.

Eine sehr lange Stunde später klingelte
das Telefon und schon als ich den
Namen des Stationsarztes hörte, bekam
ich Herzrasen.

„Dr. Hauf hier. Frau Ebner, es tut mir
leid. Ich habe eine traurige Nachricht.
Karin ist gestorben. Ein unerwarteter
Atemstillstand führte zum Tod. Es ging
sehr schnell. Es tut mir unheimlich leid.
In Gedanken bin ich bei ihnen. Bitte
informieren Sie ihren Mann. Wir unterstützen Sie, wo auch immer es geht.
Vielleicht könnten Sie morgen gemeinsam zu uns kommen, denn es müssen ja
leider ein paar Formalitäten erledigt
werden. Die Überführung nach Hause
organisieren wir."

Ich starrte ins Leere. Das Unfassbare
kam bei mir nicht an.

„Bitte lassen Sie Karin nicht alleine, bitte, bitte, sie lebt noch, bestimmt", flüsterte ich mit belegter Stimme und begriff nur ganz langsam, was mir Dr. Hauf erklärt hatte.

Das bleischwere Gespräch mit Oswald brach mir endgültig das Herz. Nun erst realisierte ich die grausame Wahrheit und brach innerlich zusammen. Oswald durchlebte einen Alptraum. Nach dem frühen Tod seiner ersten Ehefrau hatte er nun die Tochter verloren. Wie sollte er das verkraften? Mein Mann kam als Schatten seiner selbst nach Hause und konnte nicht über das Drama reden. Beide waren wir nicht in der Lage ein Auto zu fahren und sein Schwager brachte uns am nächsten Tag nach Schönberg in die Klinik. Karins Bett war nicht mehr an seinem Platz, als mich Roswitha Engel mit Tränen in den Augen begrüßte und wir gemeinsam weinten. So etwas hätte sie noch niemals erlebt, schluchzte sie, während sich Oswald abseits hielt. Ich sah, dass er kurz vor einem Nervenzusammenbruch stand, was mehr als verständlich gewesen wäre.

Eine Reha-Klinik ist auf Sterbefälle nicht vorbereitet und Roswitha führte mich in ein Nebenzimmer. Da lag mein kleiner Schatz friedlich mit gefalteten Händen und in ihrem Lieblingsschlafanzug im Bettchen. Dieses Bild werde ich nie vergessen. Wie in Trance schritt ich heran und dabei stieß mein Fuß an eine der Rollen, das Bett wackelte und Karin gleich mit. Als ob ich neben mir stehen würde, hörte ich mich schreien: „Sie ist nicht tot, mein Schatz lebt!"

Laut weinend nahm mich Roswitha in den Arm und abermals weinten wir zusammen. In diesem Moment war Frau Engel eine mitleidende Seele und nicht einfach nur die Krankenschwester. Karin starb in ihren Armen, was nach sieben Monaten intensiver Pflege ein Schock für sie war.

Dr. Hauf kamen ebenfalls die Tränen, als wir die Formalitäten für die Überführung erledigten. Die Unterstützung war groß und die Anteilnahme ein kleiner, wenn auch schwacher Trost. Als ich Karins Koffer mit ihrer Kleidung erhielt, wurden meine Knie weich. Den Koffer zu tragen, ohne Karin an meiner anderen Hand, erschien mir unmöglich.

Zu Hause konnte ich mich auf nichts richtig einlassen. Irgendwie habe ich die herzzerreißende Bestattung organisiert. Es kamen sogar Leute aus dem Ort, zu denen wir keine nähere Beziehung pflegten. Unser Hausarzt stellte mich mit Medikamenten ruhig, sonst wäre ich im Kreis der Familie an Oswalds Seite zusammengebrochen.

Niemals sollten Kinder vor ihren Eltern die Welt verlassen müssen.

Zweimal in der Woche besuchte ich Karin mit frischen Blumen. Oft sah ich anfangs einige Leute an ihrem Grab, das nah am Friedhofseingang liegt. Aber sobald sie mich entdeckten, verschwanden sie.
Dabei hätte ich mir gewünscht, über meine Kleine und das Unglück sprechen zu können. Doch die meisten Menschen haben Probleme im Umgang mit dem Leid anderer. Das zeigte sich auch im täglichen Kontakt mit Kunden oder wenn ich selbst einmal einkaufen ging.

Früher gab es überall noch Verkaufspersonal und nicht einfach nur eine Arbeitskraft an der Kasse. Es fanden immer Kontakte und ein Gespräch statt. Nach Karins Tod ging man mir aus dem Weg oder reagierte schlichtweg dumm und kaltherzig, ohne zu bedenken, was Worte anrichten können. So war das auch im örtlichen Haushaltswarengeschäft, als ich ein neues Salatsieb kaufen wollte. Beim Bezahlen meinte die Chefin: „Sie sind doch die Frau Ebner? Ich habe gehört, ihre Tochter ist gestorben. Aber sie sind ja noch jung und können andere Kinder bekommen!" Was für ein dummer Spruch! Schockiert verließ ich den Laden ohne Sieb und habe dort nie wieder eingekauft.

Bevor man unbedacht etwas sagt, sollte man besser still bleiben.

Wenn man unerträgliches Leid ertragen muss, kommen solch schlimme Begebenheiten hinzu. Personen wenden sich von einem ab oder reagieren instinktlos. Man begreift sehr schnell, wer die ehrlichen Freunde sind, die wirklich helfen wollen.
Oswalds Cousine Margot war so eine Freundin. Sie lud mich öfter zum Kaffee oder zum Essen mit ihren Freundinnen nach dem Tennisspielen ein. Sie sorgte für Ablenkung und war an sich die einzige, die sich meiner annahm.

Mit Roswitha Engel und ihrem Mann Heinz hielt ich bis in die Neuzeit hinein Kontakt. Das half mir irgendwie. Drei Monate später erzählte sie von einem erneuten Sterbefall. Ein kleiner Junge in ihrer Pflege starb so plötzlich und unerwartet wie meine Karin. Roswitha gab daraufhin ihren Beruf auf und benötigte therapeutische Hilfe. 1982 bekam sie ihre erste Tochter Julia und zwei Jahre darauf folgte Sarah. Wir hatten also jede Menge Gesprächsstoff, ohne ständig über den Tod von Kindern zu sprechen.

Das hat mir Trost gespendet, denn ich haderte heftig mit meinem Schicksal. Oft habe ich gefragt:

Lieber Gott, warum tust du mir das an, bin ich so ein schlechter Mensch, habe ich nicht schon genug gelitten? Was noch schlimmer wog, was hat ein zwei Jahre altes Kind verschuldet, das es derart leiden muss? Gott, wo bist du?

Ich habe immer gehofft, dass wir es schaffen, Karin und ich. Meine Hoffnung und alle Gebete waren vergeblich. Wie soll es jetzt weitergehen? Das Leid musste ich alleine ertragen.

In meinen verzweifelten Momenten nach ihrem Tod habe ich Karin angefleht: Hole mich zu dir, ich kann nicht mehr, und ich will auch nicht mehr.

Aber dann wurde mir bewusst, dass ich nicht einfach gehen kann. Ich musste stark sein, um Stefan und Klaus nicht alleine zu lassen. Auch sie litten darunter, ihre lieb gewonnene kleine Schwester verloren zu haben.

Ich hielt durch, aber seelisch stand ich immer am Abgrund. Es fehlte nur ein kurzer Schritt.

Ein halbes Jahr nach Karins Bestattung entschieden wir uns eine Woche Urlaub zu machen. Wir wollten uns endlich mal wieder auf die Jungs fokussieren und so etwas wie Normalität entstehen lassen.

Die „Männer" in der Familie wollten Skifahren. Ausgerechnet. Intervenieren war zwecklos und letztlich wollte ich ja auch, dass Klaus und Stefan sich austoben und mal im Mittelpunkt stehen können. Dass sie Oswalds Kinder waren, wurde auf Ski stets allzu deutlich.
Skifahren konnten sie nämlich quasi vom Fleck weg ganz famos.

Zusammen mit Bekannten reisten wir im März 1980 nach Zermatt und tatsächlich ließ ich mich überreden, es auch nochmals zu versuchen. Allein die Fahrt mit der Gondel den Berg hinauf reichte mir als Mutprobe und Urlaubsabenteuer.

Die Höhe, das Schaukeln des kleinen Vehikels, dazu die langen Dinger an den Beinen und dann auch noch die Skistöcke festhalten, ohne andere oder mich selbst zu verletzen, war keine simple Sache. Ich hatte Höhenangst in dem kleinen Ding.

Aber es kam noch strapaziöser denn oben war der Schnee vereist. Seltsamerweise hatte niemand sonst Probleme mit der Eisbahn.

„Da fahre ich nicht runter!", rief ich, während „meine Männer" schon elegant abwärts glitten. Was sollte ich machen? Irgendwie musste ich ja hinterher und wartete, bis die Strecke halbwegs frei war. Oswald rief von unten:

„Jetzt kannst du fahren!"

Mein Herz wummerte mir bis zum Hals, als ich ganz langsam startete und mit jedem Meter automatisch schneller wurde. Ich hatte ja noch nicht einmal gelernt, verletzungsfrei vorwärtszukommen, geschweige denn auf einer Eisbahn zu bremsen.

Vor mir fuhr ein Mann und ich hatte keinen blassen Schimmer, wie ich ohne Karambolage an ihm vorbeiziehen könnte. Panik machte sich breit. Um Gotteswillen, was nun? Der anscheinend routinierte Wintersportler zog mich wie ein Magnet zu sich, immer näher. Im Reflex umklammerte ich ihn von hinten und wollte gar nicht wissen, was ihm in diesem Augenblick durch den Kopf ging.

„Tut mir leid, Sie müssen mich retten, ich kann nicht anders!", rief ich. Zuerst erschrak er, was ja nicht verwunderlich war, dann raunte er im schönsten Schwyzerdütsch zurück:

„Machen Sie alles was ich sage und wie ich es vormache, dann klappt das!"

Und siehe da, er kurvte mich unversehrt an die Stelle, wo die anderen auf mich warteten. Na ja, als sie mich, oder besser gesagt uns eintrudeln sahen, schmissen sie sich schallend lachend in den Schnee. Dass mir zum Heulen zumute und ich froh war, außer Gefahr zu sein, kümmerte meine „Mannsbilder" nicht.

Das war der Tag, an dem ich meine Ski-Karriere unwiderruflich beendete, bevor sie überhaupt begann. Ich genoss die Urlaubstage bei einem guten Buch in der behaglichen Ferienwohnung, wenn meine drei Alpinisten durch den Schnee jagten.

Meine beiden „Langbrettkünstler"
akzeptierten schlussendlich, dass ich Schnee
nur ohne Ski mag.

Auf den Tod folgt neues Leben

Mit Karins Tod starb auch etwas in mir. Oswald ging es ähnlich und er musste erneut drei weitere Wochen ins Krankenhaus. Nach seiner Rückkehr flüchteten wir uns wortkarg in die Arbeit. Es verging jedoch kein Tag, an dem wir nicht an unsere kleine Karin dachten.

Oswald stellte seine Ernährung vollständig um und wir machten alle mit. Fortan kamen nur noch Vollkornprodukte und reichhaltig Gemüse auf den Tisch. Dazu Müsli und alles ohne Industriezucker. Wir nahmen Honig zum Süßen. Auf Wurstaufschnitt, Fleisch und Milchprodukte verzichteten wir ebenso wie auf Fett. Das stellte mich zunächst vor komplizierte Aufgaben, als Oswald bei mir ein Dinkelomelette „bestellte". Wie brät man ohne Fett, wenn es keine beschichtete Pfanne im Haushalt gibt? Oswald meinte leichtfertig: Das geht auch ohne. Und ich probierte es aus. Ich denke, man kann ahnen, wie das ausging. Meine Schwiegereltern, Stefan und Klaus vergnügten sich schon beim Essen, während ich verärgert und frustriert wie wild das festgebackene, in der Eisenpfanne eingebrannte Zeugs raus kratzte. Zu allem Übel schaute mir mein

Mann über die Schulter und fragte vor versammelter Familie dreist:

„Stehst du heute das erste Mal am Herd?"

Wutentbrannt schmiss ich die zerrupften Omelette-Teile an die Wand. Schwiegermutter zog vorsichtshalber den Kopf ein, weil der Kram sie nur knapp verfehlte.
Oswald kann froh sein, dass er seinen Spruch nicht zusätzlich zur Darmerkrankung mit einem Loch im Kopf ertragen musste. Die Eisenpfanne war mir wahrscheinlich nur zu schwer.

Jedenfalls empfand ich es nicht als lustig und schon gar nicht hilfreich. An sich ärgerte ich mich auch über mich selbst, weil ich mich wider besseres Wissen zu diesem Experiment überreden ließ. Der Fleck an der Wand neben dem Fenster diente lange Zeit als Warnung vor dummen Sprüchen in der Küche. Ich glaube, Stefan und Klaus fanden meine Reaktion ganz schön „taff".

Immerhin ließen sie sich allen voran ohne Murren auf die Umstellung ein und wuchsen zu Teenagern heran, für die wir weniger Zeit hatten, als wir es uns wünschten. Da sie nur ein Jahr auseinander waren, machten sie viel gemeinsam. Stefan konnte seinem Bruder sogar bei den Hausaufgaben helfen, da er ein Jahr Vorsprung hatte.

Ihre charakterlichen Unterschiede führten natürlich auch immer wieder mal zu Streitigkeiten, dabei kam es aber nie zum Bruch der brüderlichen Beziehung.

Stefan war ziemlich ordentlich und umsichtig, während sein jüngerer Bruder mit rustikalem Naturell eher mal etwas kaputt machte. Stefan versteckte sogar sein Spielzeug vor seinem Bruder und wenn er es dann selbst nicht wiederfand, gab's ebenfalls Theater. Aber ansonsten harmonierten die beiden. Im Sommer gingen wir so oft wie möglich mit ihnen ins Freibad und im Herbst hatten wir alle viel Spaß beim Drachensteigen. Wenn wir meinen Eltern bei der Traubenernte halfen, durften sie abwechselnd Traktor fahren. Das gehörte zweifellos zu ihren Sommer-Höhepunkten.

Oswalds Söhne und unser harmonisches Verhältnis bestärkten meinen Wunsch nach einem eigenen Kind. Doch die Angst vor dem Schicksal biss sich in meinem Kopf fest. Ein weiteres Kind zu verlieren, würde ich nicht überstehen, das war sicher. Ich ließ mir noch ein wenig Zeit, bis ich 1981 erneut schwanger wurde. Die Schwangerschaft verlief gut, abgese-

hen davon, dass ich bis zum „Schluss"
täglich arbeitete. In den letzten Monaten
bat ich Stefan und Klaus mich bei der
Grabpflege zu begleiten, weil ich mich
nicht mehr bücken konnte.

Am Samstag um 13:54 Uhr, zwei Tage
vor Nikolaus, beeilte sich Jürgen damit,
am 4. Dezember 1982 mit 3550 Gramm
und 51 cm die Welt und unsere Herzen
zu erobern. Oswald war bei der Geburt
dabei, die ausgezeichnet verlief. Ich
dankte Gott für dieses Wunder zwei Tage
vor Nikolaus. Ein schöneres Geschenk
konnte es gar nicht geben. Jeder Trüb-
sinn verging mir, als ich mein gesundes
Baby in die Arme gelegt bekam. Stefan
und Klaus freuten sich ebenfalls, sie
hatten nun beide einen kleinen Bruder
und waren die „Großen", die auf den
Jüngsten fortan mit Argusaugen acht-
gaben. Am dritten Tag nach der Geburt
durften wir beide nach Hause. Mein
Glück war unbeschreiblich. Leider klappte es nicht mit dem Stillen und ich
musste zu Alternativen greifen. Der Arzt
empfahl mir für mein Baby eine vollwer-
tige Flaschenkost mit frischer Milch und
fein gemahlenem Weizen. Es schmeckte
ihm sichtlich.

Als der Kleine ein halbes Jahr alt war,
erkrankte er und bekam Medikamente.

Meine Nerven standen auf dem Prüfstand, aber schon kurz darauf lachte Jürgen wieder. Er hatte es überstanden und ich auch. Es wurden herrliche Monate mit viel Arbeit, aber der geringe Kontakt zu Oswalds Eltern gefiel mir gut.

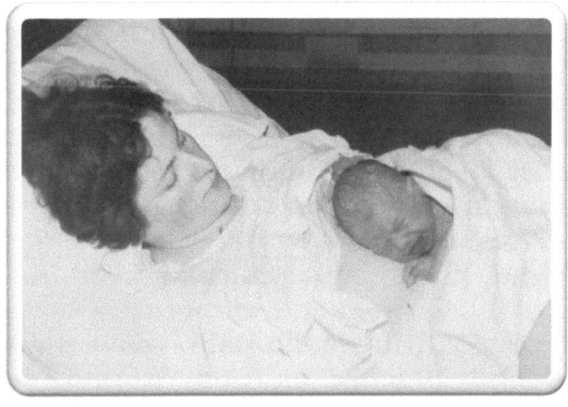

Stefan und Klaus waren „Feuer und Flamme" für ihren kleinen Bruder. Klaus' wilde Art bereitete mir zwar Sorgen, aber Jürgen fand das offensichtlich prima. Die Kinder- und Jugendzeit ging zu Ende und Klaus begann seine Lehre bei einem Bäcker in Lörrach, den sein Vater ihm empfahl. Klaus kam nun nur noch am Wochenende nach Hause, wo ihn seine zwei Brüder freudig erwarteten. Kaum zu Hause angekommen, musste Klaus mit Jürgen „Hundi" spielen. Mit dem Kleinen auf seinem Rücken trabte er auf allen

Vieren durch die Wohnung, wobei „der Reiter" „Wau Wau" jauchzte. Doch es folgten Tage voller Sorgen und Ängste, weil Jürgen mit 1,5 Jahren eine Impfung nicht vertrug. Am darauffolgenden Nachmittag setzten ihm Fieberkrämpfe zu, die stündlich heftiger wurden.

Unser Hausarzt überwies ihn in ein Krankenhaus, weshalb ich wieder einmal kurz davor stand, durchzudrehen. Die Mediziner meinten zwar, dass hohes Fieber nach einer Impfung nicht ungewöhnlich sei, was mich nicht beruhigte. Die Aussage machte ihn weder schnell gesund, noch half sie mir. Ich blieb über Nacht bei meinem Jungen. Oswald bereitete zu Hause die Baby-Vollwertkost vor und brachte es uns, worauf der Stationsarzt überraschend entsetzt reagierte. Das sei die völlig falsche Ernährung, mahnte er. Aber wir blieben trotzdem dabei, und das war auch gut so. Am nächsten Tag durfte ich mit Jürgen wieder nach Hause, das Fieber war abgeklungen.

Wie sich später herausstellte, waren die Fieberkrämpfe eine Reaktion auf den Impfstoff und hatten nichts mit der Ernährung zu tun. Leider schädigte das damals wiederholt auftretende Fieber durch die Impfung nachhaltig Jürgens

Sehkraft, weshalb er Zeit seines Lebens eine Brille tragen muss.

Ein Kind aufzuziehen ist eine wunderbare Herausforderung, die jedoch mit steten Sorgen verbunden ist.
Andererseits wollte ich mich nicht verrückt machen und Kinder in Watte zu verwahren, ermöglicht weder eine glückliche Kindheit, noch eine sinnvolle Erziehung.

Jürgens aufgeweckte Wesensart mit seiner ansteckenden Fröhlichkeit wurde in der Folgezeit immer wieder von fürchterlichen Fieberkrämpfen unterbrochen.
Selbst im Kindergarten passierte es. Seit dem dritten Anfall hatte ich ein Medikament gegen die Krämpfe im Haus, das gut half. Doch meine Sorgen rissen nicht ab. Im vierten Lebensjahr infizierte er sich mit Masern und wir mussten für Quarantäne sorgen. Das war eine zu erwartende Kinderkrankheit, dennoch bahnte sich bei mir der Ausnahmezustand an, zudem ihn zusätzlich das siebte Mal in seinem jungen Leben die Fieberkrämpfe schüttelten.

Glücklicherweise wurde es der letzte Anfall und weitere Krankheiten konnten ihm nichts anhaben.

Oswald bereitete mir zeitweilig mehr
Sorgen, denn er musste nochmals mit
seinem Darmleiden in eine Klinik. Er
wählte ein Institut in Kassel, das anthro-
posophisch diagnostizierte und auch so
behandelte. Es war ja offensichtlich, dass
sein Darm auf das Seelenleid mit allem
Stress und Sorgen reagierte. Der lange,
fast viermonatige Aufenthalt tat ihm
jedoch gut.

Erfreulicherweise hatten wir taffes Personal und einen geschickten Gesellen in
der Backstube. So überstanden wir
Oswalds Abwesenheit, in der sein Geselle

128

selbst Vater wurde. Als die Wehen bei seiner Frau mitten in der Nacht einsetzten, wusste er sich keinen Rat und bat mich sie ins Freiburger Krankenhaus zu fahren. Klar wollte ich das machen. Schweren Herzens bat ich meine Schwiegermutter auf Jürgen zu achten. Stefan und Klaus mussten zwar nicht mehr behütet werden, aber die Fürsorge um den Kleinsten mochte ich ihnen noch nicht anvertrauen. Anna Ebner übernahm die Aufgabe klaglos, aber mir war nicht wohl dabei. Während der Autofahrt betete ich in Gedanken vor mich hin, dass wir es bitte, bitte noch bis in die Klinik schaffen, ihre Wehen waren heftig. Es gelang rechtzeitig und zufrieden konnte ich nach Hause, wo auch alles in Ordnung war. Abgesehen von der Uhrzeit im Morgengrauen, die war alles andere als „in Ordnung".

Wann immer es am Wochenende passte, besuchten wir Oswald in Kassel, was ja nicht gerade eben um die Ecke lag. Doch darüber hinaus hielt sich das Leben in den Folgejahren mit folgenschweren Schicksalsschlägen zurück. Dank Jürgen lernte ich mit Karins Verlust zu leben, ohne sie zu vergessen. Kontaktfreudig schloss er im Kindergarten Freundschaften, die bis in die Schulzeit reichten. Das war von großem Vorteil, denn gerne ging er nicht zum Unterricht. Ohne seine „alten" Freunde wäre es schwieriger geworden.

Trauernde Momente gab und gibt es jedoch genug und ihren Tod werde ich niemals so „verarbeiten", dass ich damit ohne Leid leben kann. Aber es wurde Jahr für Jahr erträglicher. Gottlob hatte ich jede Menge zu tun und meine drei Jungs hielten mich zusätzlich auf Trab.

Besonders Stefan und Klaus gegenüber habe ich bis heute ein schlechtes Gewissen, denn viel Zeit habe ich ihnen nicht widmen können. Immerhin hatten Stefan und Klaus keine durchweg glückliche Kindheit. Der frühe Tod ihrer leiblichen Mutter, dann trat ich in ihr Leben, was anfangs sicherlich verwirrend auf sie einwirkte und wenig später mussten sie am Grab ihrer kleinen Schwester stehen. Der Vater hatte ebenfalls kaum Zeit für seine Söhne. Dennoch warf die beiden nichts aus der Bahn, weil wir ihnen trotz der Umstände immer liebevoll eine intakte Familie boten und beide mit unseren eigenen Problemen so wenig wie möglich belasteten. Natürlich weiß ich, dass mich der Schmerz mit unerhörtem Leistungsdruck kombinierte und mich nahezu erdrückte.

Dennoch hatte ich irgendwie immer alles im Griff und fortan hätte es sich schritt-weise prima weiterentwickeln können, wenn das Schicksal mir nicht auch wei-terhin mehr als ein Bein gestellt hätte. Doch eine neue Verkaufsart rettete oft mein Seelenheil, da ich den Problemen und Sorgen im wahrsten Sinne aus dem Weg „fahren" konnte.

Den Sorgen davonfahren

Unsere Produktvielfalt im Laden erweiterten wir ständig und planten 1985 Kaffee anzubieten. Das passte toll zu unseren Backwaren und zunächst nahmen wir zu Tchibo Kontakt auf. Deren Vertreter machte den Vorschlag, dass wir unsere Waren zukünftig mit einem „Backmobil" über Land zusammen mit Tchibo-Kaffee anbieten.

Wir hielten das für eine gute Idee und kauften einen ausgebauten VW-Bus als Verkaufsfahrzeug. Vier Tage pro Woche, deren Touren wir zwischen einer adretten Verkäuferin und mir aufteilten. Meine 90-Kilometerstrecke fand jeden Dienstag und Freitag statt, die andere Route fuhr die ausgewählte Mitarbeiterin mittwochs und sonnabends.

Zum Start rührte Tchibo die Werbetrommel und ein Promotion-Team kündigte uns mit Lautsprechern an. Das war ganz schön aufregend.

Zusätzlich klingelten die Damen an jeder Tür in allen Orten, die wir anreisten, und informierten über die baldige Ankunft des „Backmobils".

Unseren Personalstamm stockten wir für die Bäckerei um einen Lehrling auf und bald darauf kam eine Auszubildende hinzu.

Optimistisch ging es mit dem Backmobil los. Doch der Optimismus bestätigte sich nicht. Das Geschäft begann schwergängig. Die Leute kamen einfach nicht, sondern schauten misstrauisch hinter ihren Gardinen oder Vorhängen aus den Fenstern.

Nach einem erfolglosen Jahr wollte ich aufgeben und das aufwendige Projekt einstellen.

Ich zögerte, weil wir viel Geld investiert hatten und dann funktionierte es langsam. Immer mehr Leute fassten Vertrauen und kauften ihren Bedarf bei uns. Unverhofft wurde es von Monat zu Monat besser und der Aufwand begann sich zu lohnen.

Schrittweise wurde mein Verhältnis zu den Kunden persönlicher und familiärer. Es war toll. 20 Jahre lang hatte ich 45 Stationen auf dem Zettel und mit jedem Kilometer entfernte ich mich von meinem Zuhause mit schlimmen Erlebnissen.
Durch die Verkaufstouren konnte ich ihnen einfach davonfahren und die Vergangenheit für einen Tag ruhen lassen.

Ob in glühender Hitze oder durch knirschenden Schnee, im strömenden Regen oder durch dichten Nebel: Ich war bei jedem Wind und Wetter unterwegs. Auch in tief verschneiten Wintern, in denen ich den Umgang mit Schneeketten lernen musste oder an heißen Sommertagen, an denen die Waren stark gekühlt werden mussten. Ich liebte das „rumgondeln" mit innigen Kontakten in der Region.

In Utzenfeld war immer mein erster „Backstopp" auf der Route mit anfangs geringem Zulauf. Direkt vor dem Rathaus parkend hoffte ich auf Kundschaft.

Ich erinnere mich an einen Dienstag in der Anfangszeit, als eine Kundin aus dem Rathaus zu mir kam. Sie nahm einen Behördentermin wahr und fand es praktisch, in einem „Amtsgang" auch gleich Backwaren einzukaufen. Meine neue Kundin erkundigte sich, wann ich denn das nächste Mal käme. „Immer dienstags und freitags um diese Uhrzeit herum", erklärte ich. Und siehe da: Am darauffolgenden Dienstag kaufte Frau Böhler ohne Behördentermin bei mir ein. Dafür kam Sie extra mit dem Bus aus Schlechtnau zu mir ans Backmobil und besuchte nicht den örtlichen Bäcker, der nur 200 Meter weiter seinen Laden betrieb.

„Sie müssen unbedingt zu uns in den Ort kommen, ihre Produkte sind so gut!"

Ich kam ins Schlingern und meinte, eine weitere Haltestelle schwer terminieren zu können. Höchstens einmal in der Woche und vorher müsste ich vor Ort werben, alle Anwohner*innen informieren.
Begeistert machte sie mir den Vorschlag, sich um alles kümmern zu wollen.

„Sie drucken Flyer und ich verteile sie bei uns. Beim ersten Mal begleite ich sie und bringe sie mit allen Kunden bei uns zusammen. Ich erzähle überall: Um zehn Uhr macht es „Tut-tut", dann sind sie da. Es würde sich lohnen, glauben sie mir!"

Ich ließ mich auf den Vorschlag ein und obwohl es beim ersten Mal wahnsinnig Zeit kostete, weil alle mit Frau Böhler über ihre Werbeaktion sprechen wollten, lohnte es sich schon bald. Also kurvte ich zukünftig jeden Freitag um zehn nach Schlechtnau und es entwickelte sich eine treue Kundschaft mit netten Kontakten. Ich bin Frau Böhler noch immer sehr dankbar für ihren Einsatz. Immerhin war das noch in einer Zeit, als das mobile Geschäft nur schleppend anlief und ich schon kurz davor war, alles hinzuschmeißen. Mit einer Kundin aus der Anfangszeit entwickelte sich sogar eine Freundschaft, Sie hieß Finni und machte mir jedes Mal Mut, wenn ich frustriert war: „Frau Ebner, Geduld. Das wird schon, warten Sie es ab." Finni motivierte mich und das war wichtig, denn schon bald lief der mobile Verkauf erfolgreich.

Finni lud mich immer zu einer Tasse Kaffee ein, was ich mit einem Toilettenbesuch kombinierte. Der Verkaufswagen war ja kein Wohnmobil mit Klo, insofern freute ich mich in dieser Hinsicht über jede komfortable Möglichkeit.

Ihr Mann Ernst züchtete Hasen, für die ich immer alte Wecken mitbrachte. Die Langohren knabberten gerne alte Backwaren. Zu Weihnachten schenkten sie mir immer einen geschlachteten Hasen. Ein Genuss, für den wir im Ernährungsplan eine Ausnahme machten. Aus ihrem Garten schenkten sie mir frisches Gemüse, das schmeckte natürlich viel besser als aus dem Supermarkt. Es war eine famose Beziehung. Finni arbeitete bis zur Rente als Bedienung im „Belchenhotel" und hatte immer was Lustiges zu erzählen. Beispielsweise von einem schwulen Kellner im Hotel und wenn ein ebensolcher Gast das Haus besuchte, flüsterte er ihr ein Codewort zu und sie wusste, den Gast möchte er alleine bedienen.

Aber auch hier schlug das Schicksal eines Tages unerwartet schnell und grausam zu. An einem Freitag kam Finni weinend zu mir ans Auto. „Mir geht es nicht gut. Ich muss zum Arzt und hab` kein gutes Gefühl dabei." Ich versuchte ihr Mut zu machen, mehr konnte ich leider nicht tun. Nur zwei Wochen später kam Ernst bitterlich weinend zum Backmobil.

„Stell dir vor, Finni hat Krebs im Endstadium, man kann nichts mehr machen. Ein Leben lang hat sie gearbeitet, sich nie etwas gegönnt und nun stirbt sie schon bald. Das ist nicht fair, nicht gerecht."

Ich war schockiert, damit hatte ich nicht gerechnet.

Finni war ja mehr für mich, als nur eine liebenswerte Kundin. Schon beim nächsten Stopp in Schlechtnau holte mich Ernst mit Tränen in den Augen ab, weil Finni ihre letzten Lebenstage zu Hause verbrachte und sich von mir verabschieden wollte. Mit einem dicken Kloß im Hals trat ich an ihr Bett, sie war nur noch ein Schatten ihrer selbst.

Meine Freundin streckte mir ihre Hand entgegen und sagte: „Liebe Erika, ich wünsche dir von Herzen alles Gute. Bleib gesund und verspreche mir, nicht mehr so viel zu arbeiten. Dir soll es anders ergehen als mir, versprich es! Wenn du wiederkommst, werde ich schon auf dem Friedhof sein."

Meine Stimme versagte ihren Dienst. Es war offensichtlich, dass sie Recht hatte und so kam es dann auch.
Ihre Beerdigung war gleich am folgenden Mittwoch und mein Gefühl sagte mir, dass sie mich an ihrem Grab hat stehen sehen. Sie wusste, dass ich dort war. Das gab mir ein wenig Trost.

Mein enger Kundenkontakt war einerseits wunderbar, aber andererseits auch manchmal tragisch, weil ich mich nicht distanzierte, wenn das Schicksal unerbittlich zuschlug, wie bei Finni oder später bei Familie Schiel.

Viele Jahre kannten wir uns, sie waren treue und nette Kunden. Auch Herr Schiel erzählte mir, dass er ins Krankenhaus müsse und eine schlimme Vorahnung hätte. Ich wünschte ihm natürlich alles Gute und meinte: „Herr Schiel, wir sehen uns wieder!" Er antwortete jedoch, da sei er sich nicht so sicher. Wöchentlich erkundigte ich mich bei seiner Frau oder seiner Tochter Marianne nach ihm, aber es blieb ungewiss, ob er gesund werden würde. An einem meiner Diensttage kam Marianne sichtlich erschüttert zu mir und bat mich ins Krankenhaus Schönau zu kommen. Ihr Vater läge im Sterben und möchte sich von mir verabschieden. Ich intervenierte:

„Marianne, da kann ich doch nicht einfach hinein marschieren. Ich bin doch keine Familienangehörige."

Aber sie ließ sich nicht abbringen. „Papa möchte es gerne. Du sagst wer du bist und dann geht das schon."

Unsicher besuchte ich ihn während meiner Tour im Sterbezimmer, als auch seine Frau bei ihm war. Herr Schiel weinte vor Freude und Leid gleichermaßen. Es war ein berührender und tragischer Abschied, den ich zwar nur schwer ertragen konnte, aber dadurch erlebte, wie gut es ihm tat.

Mit schwacher Stimme meinte er: „Tschüss Frau Ebner, es war eine schöne Zeit. Jetzt wo ich sie noch einmal gesehen habe, kann ich auch gehen."

Mit verweinten Augen machte ich mich auf den Weg und wenn mich jemand fragte, was denn passiert sei, habe ich lieber nichts erzählt. Das wäre sonst ausgeufert und hätte mich zu sehr belastet. Das Leben ist endlich, das wissen wir alle und trotzdem ist es hart mit diesem Wissen umzugehen, wenn es soweit ist. Solche Situationen sind natürlich intensive, einschneidende Ereignisse, die sich als Erinnerung festbeißen, aber das Schöne an der Backmobil-Ära überwiegte. So gab es oft Geschenke für uns beide, denn auch unsere Mitarbeiterin der anderen Tour war beliebt. Im Sommer brachte man mir kühle Getränke, manchmal knackigen Salat oder erfrischende Früchte und in kalten Monaten heißen Tee. Zu Weihnachten erhielten wir gestrickte Socken, Schals oder Handschuhe als Geschenk.

Im Winter wurde es anstrengender. Nicht wenige Male musste das Auto im Schnee freigeschaufelt werden oder auf einem alten Teppich liegend, die Schneeketten angebracht werden. Trotzdem blieb ich vereinzelt in Schneewehen stecken und musste von einem Trecker rausgezogen werden. Skurrile Abenteuer ergaben sich, als mir beispielsweise eine Kundin aufgebracht erzählte, ihr Mann sei aus der Klinik abgehauen und sie sorge sich sehr um ihn. Da habe ich sie einsteigen lassen und wir suchten ihren Gatten, den

wir kurze Zeit später wohlbehalten auf-
griffen. Oder als ein Kunde mir hektisch
erzählte, er hätte einen Anruf erhalten,
weil seine Ziegen ausgebüxt wären. Seine
Frau, die sich um die frechen Biester
kümmere, sei aber nicht zu Hause.
Kurzerhand bot ich an, dass wir das mal
eben gemeinsam erledigen, bevor sie Un-
heil anrichten. Also fingen wir die ent-
laufenen Ziegen mit dem Backmobil ein.
So verliefen meine Touren abwechslungs-
reich und spannend. Es war wunderbar,
mit jedem Kilometer weiter entfernte ich
mich von meinen eigenen Problemen und
hörte die Sorgen der anderen und erlebte
interessante, ja, sogar lustige Tage.
Beispielsweise als mich Jürgen eines
Tages während einer Tour überraschte.
Er war damals 5 Jahre alt und wollte
mich schon zuvor mehrmals begleiten.
Ich dachte mir jedoch, ihm würde dabei
schnell langweilig werden und ließ ihn zu
Hause. Heimlich schlich er sich an dem
besagten Tag vor mir in den Wagen und
versteckte sich hinten im Ladenbereich
bis zur ersten Station, wo er mich grin-
send empfing. Da stand er plötzlich
hinter der Tür, die zwischen Fahrerka-
bine und Nutzfläche eingebaut war und
strahlte mich stolz wie Bolle in seinem
grünen Pullover mit blauer Jogginghose
an.

Lachend schimpfte ich mit ihm, obwohl es nicht ungefährlich in dem schmalen Raum mit Tresen, Kartons und anderen Dingen war. Ich hätte ihn ernsthaft ermahnen sollen, doch für Jürgen war es ein Abenteuer, um seine Mutter zu überraschen. Da konnte ich nicht böse auf ihn sein. Aber ich musste zu Hause anrufen, damit sich niemand um ihn sorgt, was mir eine Kundin mit Telefon gerne ermöglichte. Meine Kunden fanden es toll, dass der Junge dabei war. Klar gab es hier und da Süßigkeiten für ihn, manche alberten mit ihm rum und er hatte einen tollen Tag.

Über die Jahre entwickelten sich vertrauensvolle Beziehungen zu meinen Kunden, die mir ihre persönlichsten Gedanken anvertrauten. Alle hatten etwas zu erzählen. Oft waren es Geschichten, die sie niemand anderem sonst mitteilten. Die Leute redeten und die Worte verschwanden anschließend mit mir schon an der nächsten Biegung. Das vermittelte ihnen ein gutes Gefühl. Ihre Geheimnisse waren bei mir sicher und fuhren kurzerhand von dannen. Die vertraut schönen und lustigen Ereignisse überwiegten die tragischen Situationen wie mit Finni oder Familie Schiel bei weitem. Ich genoss das Vertrauen meiner Kunden, hörte aufmerksam zu, was mich stets auch von meinen eigenen Sorgen ablenkte. Ich wusste ja aus Erfahrung, wie wertvoll es sein kann, wenn man sich mal drauflos mitteilt und irgendjemand nur zuhört.

Frische Backwaren, Seelsorge, Nothilfe und Neues aus unserer kleinen Welt hatte ich im Sortiment. Das eine wurde bezahlt, das andere gab es gratis dazu. War mal jemand nicht daheim, hing ich die bestellte Ware einfach an die Tür.

Um nicht angestrebte Kontakte zur Polizei kam ich in so vielen Jahren verständlicherweise nicht herum. Mit dem Auto und meinem Fahrstil war aber immer alles in Ordnung. Einmal jedoch hatte ich keine Fahrzeugpapiere dabei und sogar meinen Führerschein vergessen.

Die Beamten waren skeptisch und fotografierten mich neben dem Kennzeichen des Autos. Anderentags musste ich auf dem Revier die Dokumente vorlegen und 20 Mark bezahlen. Der Polizist war ausgesprochen freundlich und schenkte mir sogar das amtliche Foto.

Foto der Polizei

Nach 20 Jahren musste ich meinen „mobilen Dienst" beenden, weil unser Unternehmen mittlerweile drei Filialen betrieb, die versorgt sein wollten. Es war einfach zu viel anderes zu erledigen. Ich kümmerte mich um das Personal und um die Logistik, erstellte Dienstpläne für unsere 14 Verkäuferinnen, die ich im Laufe der Zeit anstellte und vieles mehr musste organisiert werden.

Die Beendigung meiner Touren wurde zur tränenreichen Abschiedsfahrt.

Eine Mitarbeiterin übernahm die Strecke noch fünf Jahre, bis das Fahrzeug kaputt war. Ein neuer Laden auf vier Rädern hätte nach allen Regeln der Vorschriften rund 80.000 DM gekostet, was unrentabel gewesen wäre.

Rückblickend ist es unglaublich, was allein „nur" in diesen 25 Jahren alles passierte, als ich die Touren fuhr. Mehr als einmal versank mein Lebensmut dabei im Morast der Schicksalsschläge, die unfassbares Leid und Verzweiflung in mein Leben brachten.

Die Erlebnisse unterwegs trugen dazu bei, dass ich mir all die Jahre nichts sehnlichster wünschte, als ins Auto zu steigen und fortzufahren, weit weg von allem Bösen und die Erinnerungen hinter mir lassend. Doch der Realität kann man nicht davonfahren. Mein Schicksal holte mich immer wieder ein.

Das war meine geliebte Tour einmal rund um den Belchen:

Auch manche
Kinder meiner
Kunden wollten
Kapitän der
Landstraße
spielen

Liebe Frau Ebner,

mit Ihren Bäckerladen auf
Rädern waren Sie wirklich
pünktlich bei unserer Wander-
pause... 100 Pkte.

Am Wiedner Eck haben wir
Jan Ullrich beim Training erwischt.
100 Pkte. für ihn.

Am nächsten Tag über den Stoß
steig und über den Belchen
nach Niedereggenen.
100 Pkte. für uns.

Gruß aus Kenzingen
Michel Jauß

Stolz und Elend

Unsere Jungs wurden von Jahr zu Jahr erwachsener und wenn sie darunter litten, dass ihre Eltern wenig Zeit für sie hatten, dann zeigten sie es nicht. Aber regelmäßig einmal im Jahr schlossen wir im Winter für eine Woche das Geschäft und fuhren gemeinsam in die Skiferien. Ausschlafen, entspannt zusammen frühstücken, dann tobten sich die Jungs im Schnee mit Ski oder Schlitten aus. Mir reichte die schöne Winterluft mit der Rundum-Entspannung. Austoben war gar nicht erforderlich, ganz im Gegenteil.

Während solcher Ferien wurde mir bewusst: Manches habe ich doch gut hinbekommen. Letztlich ist es mir gelungen, meine Groß- und meine Schwiegermutter zu widerlegen. Wilhelmine unkte damals bösartig, dass aus mir nie etwas werden wird, weil ich nichts habe und nichts konnte. Anna Ebner lag ebenfalls falsch, sie konnte mich zwar verunsichern und bis zur Weißglut ärgern, aber alles Übel, das sie mir prophezeite, traf nicht ein. Stefan, Klaus und Jürgen verhielten sich immer brüderlich und hielten zu uns. In ihre heranwachsende Selbstständigkeit mischten wir uns nicht ein, sondern standen ihnen mit Rat und Tat zur Seite, wenn sie es wünschten.

Verantwortungsvoll und sozial eingestellt, versagten beide den damals gesetzlich geforderten Grundwehrdienst, um
als Zivildienstleistende ihrer Ansicht
nach für sie geeignetere und gesellschaftlich relevantere Herausforderungen zu
meistern. Stefan betreute in dieser Phase
tagsüber eine demente Frau, deren Familie ebenfalls ein Geschäft führte und
nach Ablauf seines Dienstes übernahm
Klaus den Aufgabenbereich seines Bruders. Ihren Entscheidungen zollten wir
Respekt, denn dazu gehörten Mut, Ver-
antwortungsbewusstsein und Selbstver-
trauen. Wir sind stolz auf das Trio.

Ihre berufliche Zukunft lag indes im
handwerklichen Schaffen. Dafür begeisterten sich beide gleichermaßen. Theorie
im Klassenzimmer, war nicht „ihr Ding."

Stefan begann nach seiner Schulzeit eine
ungewöhnliche Lehre als Steinmetz. Ein
Beruf, der für ihn eine Berufung war und
ist. Talentiert und mit großem Eifer abso-
lvierte er seine Ausbildung und wurde
ein gefragter Meister seines Fachs. Klaus
wuselte schon zur Schulzeit gerne in der
Bäckerei, was uns sehr freute und sein
Berufsweg war naheliegend. Nach seiner
Ausbildung in der Lörracher „Bäckerei
Jung" wurde er Bäcker aus Leidenschaft.

Mit herausstechenden Zensuren und Top- Bewertungen schloss er 1986 als jüngster Geselle seiner Zunft die Lehre ab und stieg ins Unternehmen seiner Eltern ein. Das war ein tolles Gefühl, Vater und Sohn in der Bäckerei, ich kümmerte mich um die kaufmännisch organisatorischen Abläufe. So gut und erfolgreich, wie unsere Kinder trotz aller Schicksalsschläge und mit Eltern, die nur wenig Zeit für sie hatten, betrachteten wir nicht ohne Stolz.

Die Jungs bereiteten uns also keine Sorgen und der Betrieb lief ebenfalls bestens. Im Rückblick bin ich als Mutter zufrieden. Schmunzelnd erinnere ich mich an eine skurrile Phase, als Stefan und Klaus im Alter von 18 und 17 sich nur noch ganz in Schwarz kleideten, die Haare lang trugen und harte Rockmusik hörten.

Natürlich erschien das meiner Schwiegermutter suspekt und „geschäftsschädigend." Sie motzte überall herum, ich könnte keine Kinder erziehen. Doch in der Pubertät machen alle Teenager seltsame Dinge und auch das ging vorbei. Einzig Jürgen war dann noch in einem Alter, wo die Eltern eine relevante Schlüsselposition einnehmen. Manches musste er mit sich selbst ausmachen, was mir im Nachhinein leid tut, doch ich konnte es nicht ändern. Da er nicht gerne zur Schule ging, hatte ich ein Auge darauf, dass er seine Hausaufgaben erledigte. Dabei zeigte sich sein pfiffiger Pragmatismus, um ja nicht zu viel zu machen. Seinerzeit gab es eine nicht unbedingt zielführende Lehrgewohnheit in seiner Klasse: Während des Unterrichts mussten die Schüler*innen die Aufzeichnungen auf der Tafel in ein Heft mit blauen Umschlag und zu Hause alles aus dem Blauen abschreiben und zwar in ein rotes Heft. Das Rote zeigten sie dann am nächsten Tag vor und dokumentierten damit, dass sie ihre Schulaufgaben erledigt hatten. Jürgen sollte mir täglich sein Hausaufgabenheft zur Kontrolle zeigen. Das lief auch alles glatt. Doch als er ein neues Heft brauchte, wurde ich stutzig.

„Dann brauchst du doch zwei und nicht nur eines?", meinte ich. Da fehlte ihm dann die logische Argumentation, um seinen Schwindel aufrechtzuerhalten:
Der Schlingel vertauschte nämlich täglich die Umschläge und ersparte sich das erneute Abschreiben. Ich sah mich genötigt, seinen Schwindel der Lehrerin zu erzählen, die sich erstaunt ein Lächeln nicht verkneifen konnte. Sie hätte das noch nie bemerkt. Auf die Idee sei bisher noch kein Siebenjähriger sonst gekommen. Also müssten wir das zukünftig noch aufmerksamer prüfen, stellte sie fest. Aber im Laufe der Zeit wurden der Unterricht und damit auch die Hausaufgaben anspruchsvoller. Mit einer cleveren List konnte er sich bald nicht mehr davon befreien.

Damals weckte uns noch einige Zeit lang Oswalds Mutter und schüttelte uns mit den Worten: „Aufstehen, sonst gibt es nachher kein Brot!" Für mich und Jürgen, der noch in unserem Schlafzimmer schlief, war das einfach nur widerlich, aber von Jahr zu Jahr wurde ihre körperliche Verfassung schlechter. 1988 konnte Anna im Laufe des Jahres nicht mehr alleine gehen, ihre Beine machten nicht mehr mit, was ihr auch psychisch zusetzte. Sie ließ sich gehen, wirkte apathisch.

Das Essen bekam sie von mir serviert. Anna Ebner musste sich von mir helfen lassen, was an ihrem Selbstwertgefühl nagte.

Mit der Pflege ausgerechnet der Person, die ich verabscheute, kam ein enormer zusätzlicher Stressfaktor in mein Leben. Aber da musste ich durch, denn Weigern konnte ich mich nicht. Schon Jahre zuvor mussten Oswald und ich einen Erbvertrag unterschreiben, um das Haus übernehmen zu können. Darin war die Pflege beider Elternteile verbindlich vereinbart. Wenn es nach mir gegangen wäre, hätten wir Anna in professionelle, stationäre Pflege gegeben, koste es was es wolle.

Aber es kam noch dicker, denn 1989 verunglückte Hugos Schwester Maria. Sie brach sich den Oberschenkel, was in ihrem betagten Alter schlimme Folgen haben kann. Nachdem sie operiert wurde und mit Gipsbein nichts mehr selbst erledigen konnte, musste ich sie auch noch versorgen. Nur vormittags kam kurz eine Fachkraft vom sozialen Dienst, alles andere machte ich. Hin und her, hier was erledigen, dort das Essen machen und servieren, fremde und eigene Hausarbeit, die Kinder, meine Verkaufstouren plus Organisation des Ladens. Mein Leben mutierte zu Pflegepersonal, Mutter, Fahrerin, Verkäuferin und vieles mehr in Personalunion. Nebenberuflich hatte mich der Job als Krankenschwester im Griff.

Ich erinnerte mich daran, dass genau das mein Berufswunsch als Mädchen war, doch ich konnte nicht einmal mehr über die Ironie des Schicksals lachen.

Zumindest kam auch für Anna morgens eine Fachkraft vom sozialen Dienst für eine viel zu kurze Zeit.

Klaus und Stefan gingen ja schon ihre eigenen Wege, dennoch bemühte ich mich, für sie da zu sein, wenn es erforderlich erschien. Mein „Job" als Krankenschwester parallel zu den stetig steigenden Anforderungen im Betrieb mit drei Filialen beanspruchte mich maßlos, es war kein Ende abzusehen.

Maria ging es jedoch nach vier Monaten mit steigender Tendenz schlechter als zuvor. Sie wurde erneut ins „richtige" Krankenhaus eingeliefert, wo sie nach zwei Wochen verstarb.

Ohne Sarkasmus muss ich sagen, dass es für mich ein Glücksmoment wurde. Seit vier Monaten pflegte ich nebenberuflich meine Schwiegereltern, zusätzlich Tante Maria und oben drauf der Betrieb. Jürgen war erst sieben und bedurfte Aufmerksamkeit, an sich wäre er der wichtigste Part gewesen, aber was sollte ich tun? Es ging nicht. Er kam erneut zu kurz.

Ich geriet an meine Leistungsgrenze, die ich oft überschreiten musste. Marias Tod ergab keine Ruhepause. Ein Ende kam nicht in Sicht, denn der Zustand von Oswalds Mutter entwickelte sich fatal. Etwas, das wir beim ersten Mal als Malheur bezeichneten, wurde zum Desaster: Sie verlor die Kontrolle über ihre Ausscheidungen und machte fortan in die Hose. Täglich musste sie von uns zu zweit abgeduscht werden. Eine sehr unangenehme Erledigung, der wir mit Windeln begegnen wollten, was ihr Starrsinn aber vereitelte.

Vormittags kam jemand vom Pflegedienst, nachmittags und abends war es unser Part. Ich habe heute keine Ahnung mehr, woher ich die Kraftreserven holte, um nicht zusammenzubrechen. Denn zur Pflege meiner Schwiegereltern kam 1990 noch ein Unfall auf dem Weinberg meiner Eltern hinzu. Mein Vater war ja zwischenzeitlich alt geworden und natürlich nicht mehr so fit wie früher. Aber das Arbeiten in den Reben hat er geliebt und ließ sich nicht davon abbringen. Zur Ernte im Herbst war es immer anstrengend, zumal alles unter Zeitdruck abgewickelt wurde. Oswald musste ihm helfen und kutschierte die Ernte durch die Reben und den Berg hinunter. In den schmalen Spuren und über feste oder matschige Rillen bedurfte es eines geschickten Fahrers. Oswald war darin gut, aber am Unglückstag kam der schwere Traktor ins Rutschen und kippte um. Dabei wurde sein Bein unter dem Gefährt eingeklemmt. Die Erntehelfer hatten Mühe den tonnenschweren Trecker wieder aufzurichten. Oswalds linkes Bein war gequetscht und er konnte drei Wochen nur mit Krücken laufen. Auch das noch! Nun brauchte er auch noch meine Hilfe und ich musste zeitweilig für ihn mitarbeiten. Bis heute hat Oswald noch Probleme mit seinem linken Bein.

Die Zeit wurde außerordentlich belastend für mich. Insbesondere Annas Pflege ging mir an die Knochen, denn Oswald fiel ja nun auch einige Wochen dafür aus. Davon abgesehen konnte ich nicht verdrängen, dass sich Anna und Hugo Ebner jahrzehntelang darum bemühten, mich aus dem Haus zu ekeln und nun musste ich sie pflegen. Da war natürlich kein Herzblut mit verbunden. Hugo

Ebner war schon kränklich, als ich in die Familie einheiratete und lange vor seiner Frau „klapprig". Von ihm konnten wir keine Hilfe erwarten, ganz im Gegenteil, ihn musste ich mitversorgen.
Glücklicherweise machte er aber noch nicht in die Hose.

Fünf Jahre ging das so, bis er mich im Januar 1993 morgens um sieben anrief und bat, bitte schnell heraufzukommen, da sei was Seltsames mit der Oma. Ich sprintete die Treppe hinauf und erkannte auch ohne medizinisches Fachwissen, dass meine Schwiegermutter einen Schlaganfall erlitten hatte. Eine Stunde später wurde sie in der Klinik genauer untersucht und die Ärzte meinten, es sähe schlecht aus. Sie würde für den Rest ihres Lebens ein Pflegefall bleiben, künstlich ernährt werden und zukünftig nichts mehr wahrnehmen.

Düstere Aussichten dachte ich, sowas gönnt man selbst seinen Feinden nicht. Andererseits war ich die Sorge zu Hause mit täglichen Einsätzen los, was mir ehr-licherweise gut gefiel. Andererseits hätten wir ihren Heimaufenthalt bezahlen müs-sen, denn sie selbst hatte meines Wis-sens keine Pflegeversicherung. Dazu gab es zwar mittlerweile eine gesetzliche Verpflichtung, aber wir konnten froh sein, dass sie bei Hugo als Ehefrau zumindest für akute Erkrankungen mitversichert war. Es war nichts richtig geklärt.

Die gesetzliche Pflegeversicherung wurde erst 1995 eingeführt und Krankenversicherungen übernahmen die Kosten für Heimaufenthalte nicht, schon gar nicht mit 24- Stunden Betreuung und bei künstlicher Ernährung.

Unsere Einnahmen verteilten sich aber auf mehrere Personen und bei stetig steigenden Ausgaben reichte es unter dem Strich nicht mehr für eine solch zusätzliche dramatisch hohe Kostenposition. Für den Aufenthalt im Krankenhaus wurden wir glücklicherweise finanziell nicht belastet.

Ob wir sie technisch und organisatorisch gesehen zu Hause pflegen könnten, war mir nicht klar. Zeitlich hielt ich es für unmöglich, denn ich erreichte das Ende meiner Schaffenskraft. Also stand ein neues Problem zur Klärung an.

Der liebe Gott meinte es jedoch gut mit uns, denn zwei Wochen später rief er Anna zu sich.

Hugo Ebner ertrug den Tod seiner Frau mit Fassung. Das Leben ist endlich und für sie war es bestimmt ebenso eine Erlösung wie für uns. Das mag für manche Ohren verbittert klingen, aber dem ist nicht so. Wer niemals das Siechtum eines kranken Menschen aus der Nähe erlebte und nicht weiß, welcher Schmerz und Aufwand damit für die Angehörigen verbunden ist, kann und darf so etwas nicht beurteilen.

Mein Schwiegervater hielt sich fortan nur noch in der Wohnung auf, die er nicht mehr ohne Hilfe verlassen konnte. Treppensteigen war ihm mittlerweile unmöglich, dennoch schien er mit seinem Schicksal im Einklang zu sein. Er liebte Sportsendungen im Fernsehen, das war sein Zeitvertreib. Tagsüber versorgte ich ihn, half ihm abends ins Bett und dafür zeigte er sich ungewohnt dankbar. Nur vormittags kam eine Pflegekraft und auch diese Hilfe nahm er überraschend gerne an.

Der Alterungsprozess machte Riesenschritte und sorgte für weitere Einschränkungen. Er aß kaum noch etwas, trank viel zu wenig und wünschte sich lediglich ein- oder zweimal am Tag aufgeschäumte Eier mit ein bisschen Rotwein, „zur Stärkung", meinte er. Morgens wünschte er sich nur eine Tasse Kaffee. Diese einfachen Bedürfnisse erfüllte ich ihm gerne. Seine neue Bescheidenheit mit freundlichen Signalen erleichterten mir die Aufgaben und meine Beziehung zu ihm.

Das Bett konnte er alsbald nicht mehr verlassen und seine Stimme wurde sehr leise. Jeden Abend sah ich noch einmal nach ihm, bevor ich selbst schlafen ging. So auch am 19. September des Jahres, in dem seine geliebte Frau von ihm ging. Als ich das Licht ausmachen wollte, sah ich wie immer nochmal direkt zu ihm, bevor ich hinausging. Da erhob er seine zerbrechlich wirkende Hand und ich trat ans Bett.

„Möchtest du etwas?", fragte ich und er flüsterte so leise, dass ich mein Ohr dicht an seinen Mund halten musste:

„Dankeschön Erika, für alles."

Mir kräuselten sich die Nackenhaare und eine Ahnung legte sich wie ein Nebel über meinen Verstand. Solche Worte hatte ich nie zuvor von ihm gehört und auch diese Stimmung war mir völlig neu. Die folgende Nacht kam kein erholsamer Schlaf zu mir und als ich morgens mit der obligatorischen Tasse Kaffee zu ihm ging, erkannte ich schon von der Tür aus, dass sich meine Ahnung bewahrheitete.

Hugo verstarb in der Nacht. Unser Arzt bestätigte seinen Tod „fachlich" und da er über die Jahre so viel über uns und mich erfahren hatte, nahm er mich in den Arm und sagte:
„Frau Ebner, jetzt wird es auch Ihnen besser gehen, es ist vorbei."

Doch anstelle zur Ruhe zu kommen, wurde ich nervöser, bekam sogar Magenschmerzen und Kreislaufprobleme. Hinzu gesellten sich schlaflose Nächte und erschreckende Albträume. Immerzu hatte ich das Gefühl, ich muss jetzt nach meinem Schwiegervater sehen. Nachts wachte ich auf und wollte Schnurrstracks zu ihm, weil ich dachte, es wäre irgendwas zu tun, bis ich realisierte, dass er nicht mehr lebt.

Mit 42 Jahren wäre es dringend notwendig einmal ausgiebig Luft zu holen und einige Nächte durchzuschlafen, aber das gelang mir erst drei Wochen nach seinem Tod.

Auch die Wohnstube wurde abends oft zum
Arbeitszimmer

Umbau-Episode besonderer Art

Oswald kompensierte die schlimmen Ereignisse wie zuvor ebenfalls mit Arbeit. Er meinte, jetzt wäre es günstig das Dach neu zu decken und dabei könnten wir dann auch gleich das Haus umbauen. Und das nahmen wir dann auch in Angriff.

Aus den zunächst noch übersichtlichen Maßnahmen resultierte ein aufwendiger Umbau. Oswald riss Mauern ein und erweiterte das Gebäude um eine komplette Wohnung. Um den Aufwand zu verstehen, muss man wissen: Der Bäckereibetrieb mit dem Laden und einem Cafe nebst zwei Filialen ruhte nicht, zudem musste ich oftmals für 12 Personen kochen, um den Bautrupp zu versorgen. Wir rackerten an mehreren Fronten. Aber einmal begonnen, mussten wir den Plan mit enormen Eigenleistungen auch zu Ende bringen. 1995 war das Werk endlich vollbracht.

Die neue Wohnung konnten wir vermieten und nun hatten wir auch für uns ein angenehmeres Domizil. Ja, es hat sich trotz oder gerade wegen des gigantischen Aufwands gelohnt.

Ein Resultat ist besonders gut: Es erinnert mich nicht mehr viel daran, was vorher war.

Aus der Renovierung wurde ein Umbau, der in einem neuen Anbau mündete. Wir rackerten bis zum Umfallen.

Der Umbau, dazu der Betrieb, Familie, Angehörige pflegen, das Büro und die Backmobil-Touren: Meine Leistungsgrenze waren längst überschritten, nicht einmal oder zweimal, sondern dauerhaft.
Wie lange kann so etwas gut gehen? Das war eine Frage, die sich weniger beteiligten Leuten auch stellte.

Als ich an einem Herbstnachmittag den Wagen nach meiner Tour ausräumte, um mich gleich anschließend an die Büroarbeit zu machen, sprach mich die Ehefrau des beauftragten Architekten an. „Es wird Zeit, dass Sie sich eine Auszeit gönnen, Frau Ebner. Meine Freundin und ich fliegen im April kommenden Jahres nach Portugal und Sie kommen mit. Keine Widerrede! Gleich zu Beginn des neuen Jahres buchen wir gemeinsam die Reise." Christa schien sich ihrer Sache sicher zu sein, ich war es aber keineswegs und schmunzelte ungläubig, zumal es ja noch einige Monate dauern würde. Davon abgesehen hatte ich ja gar keine Zeit für sowas. Im Januar des Folgejahres rief sie mich überraschend an, um mich am Tag darauf für den Besuch im Reisebüro abzuholen. Noch in der Reiseagentur überlegte ich mir Ausreden und versuchte „aus der Nummer rauszukommen." Vergeblich. „Nichts da", meinte Christa. „Nun ist das gebucht und es gibt kein Zurück mehr!"

Zu Hause glaubte es auch niemand.

Oswald lachte: „Du verreist doch nicht ohne Familie und lässt das Geschäft alleine. Das glaube ich niemals!"
Ich war mir jedoch nun nicht mehr so sicher, ob ich bleibe oder reise. Christa beharrte energisch auf das schon bezahlte Vorhaben. Am Reisetag im April noch immer unschlüssig, packte ich mit schlechtem Gewissen meinen Koffer. Soll ich oder sollte ich nicht? Während der Autofahrt zum Stuttgarter Flughafen meinte Oswald „Noch kannst du es dir überlegen. Du bist doch noch nie ohne uns verreist und schon gar nicht außer Landes gewesen. Willst du wirklich?"

Ich wusste es in dem Moment nicht. Erst im Flugzeug wurde mir klar: *So Erika, jetzt bist du unterwegs. Der Flieger dreht nicht um, nur weil du es dir nun anders überlegst.* Skeptisch landete ich mit den beiden Freundinnen in Portugal und was soll ich sagen: Es wurde eine zauberhaft schöne und unvergessliche Woche.
Christa hatte ein wunderbares Appartement ausgesucht und jeden Tag unternahmen wir etwas Tolles.

Zu Dritt wanderten wir durch Pinienwäl-
der an Lavendelfeldern vorbei, machten
eine Besichtigung der Korkeichen und er-
fuhren, wie Korken hergestellt werden.
An einem anderen Tag besuchten wir
eine Edeldestille, hinzu kamen das Meer
und herrliches Klima.

Es war eine ganz fantastische Woche, in
der ich tatsächlich auch abschalten und
die neuen Eindrücke genießen konnte.
Umso mehr freute ich mich danach auf
meine Familie und wieder zu Hause zu
sein.

Junge Karrieren und Tribut des Alters

Jn den Folgejahren konnte ich mich auf Jürgen und auf das Geschäft konzentrieren. Unser Jüngster hatte noch keine klaren Berufsziele, was ihm vermutlich mehr zu schaffen machte als mir. Zunächst faszinierte ihn das Arbeiten mit Holz und er machte eine Lehre als Schreiner. Aber der anschließende Job als Parkettleger gefiel ihm nicht.

Vielleicht hätte er sich auf das Tischlerhandwerk fokussieren sollen, aber er entschied sich für eine neue Ausbildung und zwar zum Bäcker. Gerne wollte er wie sein großer Stiefbruder ins Familienunternehmen einsteigen.

Der Plan scheiterte an der fehlenden Harmonie zwischen den „drei Kerlen" in der Bäckerei. Mein Mann und Klaus kamen mit ihm und er nicht mit ihnen klar. Manche Nacht habe ich geweint, weil mir Jürgen leid tat, denn Oswald und Klaus behandelten ihn schlecht. Die Kinderzeit war vorbei. Es funktionierte nicht, zumal in Jürgen Unternehmerblut pulsierte und er etwas Eigenes auf die Beine stellen wollte. Er verstand mittlerweile viel von Autos, die sein Hobby waren und das Internetzeitalter mit florierenden Onlinegeschäften war etwas völlig Neues für uns alle und letztlich auch zukunftsorientiert. Mit Feuereifer begann er ein strukturiertes Geschäft im Auto-Tuning-Markt aufzubauen.

Klaus indes blühte im Backgewerbe auf und trat 1992 mit nur 23 Jahren zum anspruchsvollen Meisterlehrgang an. Er bestand mit hervorragenden Leistungen als jüngster Bäckermeister im gesamten Bezirk der Innung. Mit ihm ist unser Betrieb für die Zukunft bestens gesichert.

Die Jungs machten uns also keine Sorgen und der Betrieb lief ebenfalls bestens. In dieser Zeit war ich ja noch zweimal pro Woche mit dem Verkaufswagen unterwegs, was auch dringend nötig war, denn zu allem Stress wurden auch meine Eltern von Altersgebrechen und Krankheit nicht verschont. Das Schicksal schlug heftig zu und erneut mutierte ich zur nebenberuflichen Krankenschwester.

Mit 79 Jahren erkrankte mein Vater an Prostatakrebs und konnte ohne Hilfe nur noch wenig selbst erledigen. Unsere zuvor vermietete Wohnung wurde jedoch umständehalber frei und somit konnten wir meine Eltern glücklicherweise bei uns im Haus unterbringen.

Die Krankheit entwickelte sich schlimm und bei einer aufwendigen Operation wurde ihm ein künstlicher Darmausgang eingesetzt. Selbst gehen und stehen konnte er bald nicht mehr und er musste sogar gefüttert werden. Wir kauften ein Krankenbett mit Liftfunktion, um ihn halbwegs komfortabel ins Bett oder in den Rollstuhl hieven zu können.

Da meine Mutter zur Bequemlichkeit neigte und nahezu alles was notwendig wurde, mir oder dem Pflegepersonal überließ, wurde vieles erschwert. Ich steckte also wieder einmal im Pflegeberuf fest. Mein alter Herr litt fürchterlich. Wie bei meinen Schwiegereltern, deren Leid mir aber nicht so nahe ging, konfrontierte mich das Schicksal mit dem Elend durch Krankheiten und erneut mit meinem Durchhaltevermögen.

Nach einem leidvollen Jahr starb mein Vater und ich denke, das hat er gewollt. Ein Leben am Rande des nur noch vegetieren kann niemand lange ertragen. Sein Tod traf meine Mutter mitten ins Herz und sie wurde monatlich schwächer.

Über die Hilfen der Pflegekräfte aus der Sozialstation war ich heilfroh. Morgens kam eine Fachkraft, holte meine Mutter aus dem Bett, wusch oder badete und kleidete sie an. Alle waren sehr nett, obwohl meine Mutter wiederum sich nicht immer pflegeleicht verhielt.

Eines Morgens kam die Pflegerin aufgelöst mit einer schlechten Nachricht zu mir ins Geschäft: „Frau Ebner, ihre Mutter will nicht aufstehen. Sie sagte, dass sie heute sterben wird!" Entsetzt lief ich mit ihr ans Bett meiner Mutter und sprach erfolglos ein Machtwort. Meine Mutter blieb liegen. Da hatte die Pflegerin eine Idee. „Ich rufe Schwester Benedikta an und bitte sie um Hilfe. Die schafft das." Eine Stunde später traf sie ein und sprach gleich mit meiner Mutter: „Guten Morgen Frau Winkler. Nun müssen Sie aufstehen und frühstücken." Meine Mutter schaltete weiterhin auf stur.

„Nein, nein, ich bleibe im Bett, denn heute sterbe ich!"

Schwester Benedikta reagierte gelassen.

„Frau Winkler, Sie stehen jetzt sofort auf, keine Widerrede! Ungewaschen treten Sie nicht vor den Herrgott, das gehört sich nicht. Danach können sie sich wieder hinlegen und sterben."

Über diesen Satz hat sich meine Mutter aufgeregt, stand aber auf und ließ sich waschen. Nachdem sie angezogen wurde und gefrühstückt hatte, lief es wie sonst auch ab. Benedikta beeindruckte mich sehr. Ebenso ein Pfleger, der es meiner Mutter irgendwie angetan hatte. Sie wünschte sich von ihm eine Rücken- massage anstatt gewaschen zu werden. Und siehe da, der junge Mann tat ihr den Gefallen und meine Mutter schien sehr zufrieden zu sein.

Das tolle Personal des mobilen Dienstes erleichterte mir vormittags das Leben, aber für den Rest des Tages musste ich mich um sie kümmern. Alleine konnte meine Mutter nichts mehr erledigen. Es wurde zu viel für mich, neben Kindern, Haushalt, Büroarbeit und vieles mehr, was ich erledigen musste. Also bemühten wir uns um eine fürsorgliche Person, die ganztags für sie da war. Und wir hatten großes Glück und fanden eine passende Frau aus Polen, die ihre Aufgaben super erledigte.

Leider blieb sie nur zwei Jahre und ihre Nachfolgerin war nicht aus „gleichem Holz geschnitzt", sie verließ uns nach nur einem Jahr. Also blieb die umfang- reiche Pflege meiner Mutter erneut an mir hängen. Wenn ich meine Verkaufs- touren machte, kümmerte sich Oswald um meine Mutter, was sich schwierig gestaltete. Klaus machte seine Sache in der Bäckerei perfekt, aber alleine war es auch für ihn zu viel. Wir benötigten

unbedingt eine zuverlässige Haushalts-
und Pflegekraft, die zu uns passte und
ihren Aufgaben gewachsen war. Und
tatsächlich hatten wir nochmals Glück.

Während meiner Touren mit dem „Backmobil" kam eine Kundin zum Einkauf,
die ihre polnische Haushälterin mitbrachte, um sie mir vorzustellen und ihr
den Verkaufswagen zu zeigen. Ich fragte,
wie sich das Arbeitsverhältnis ergeben
hatte und die adrette Polin erzählte mir,
sie sei nur zur Aushilfe gekommen und
würde anschließend gerne für mich arbeiten. Das klang super, zumal Dana gut
deutsch sprach und sehr sympathisch
war.

Wenig später fing sie bei uns an, was
sich als außerordentlicher Glücksfall
entpuppte. Dana war ungemein fleißig
und kümmerte sich liebenswert um
meine Mutter. Sie war ein Schatz und
eine Perle zugleich. Auf Dana war Verlass
und schrittweise konnte ich mich aus der
Umklammerung einiger Verpflichtungen
lösen.

Dreimal pro Jahr machte sie vier Wochen
Ferien zu Hause in Polen und organisierte dann eine Aushilfe für sich. Besser
konnte es gar nicht sein.

Nach fünf Jahren bekam meine Mutter 2009 jedoch eine Lungenentzündung und musste ins Krankenhaus. Dort verstarb sie nach zwei Wochen. Das war nicht für mich alleine, sondern auch für Dana ein Schock. Noch heute halten wir einen innigen Kontakt zueinander.

Die anstrengend zeitaufwendige Pflege von Familienangehörigen liegt nun hinter mir. Doch das Schicksal schlug auch in der „Neuzeit" nochmals heftig zu.

2020 erkrankte Oswald an Erysipel. Eine seltene und nicht dramatisch klingende Krankheit, die bei ihm jedoch ungeahnte Auswirkungen bis hin zur Blutvergiftung hatte. Ein dreiwöchiger Klinikaufenthalt stoppte nur den akuten Verlauf und zunächst kam er als Pflegefall nach Hause. Es bedurfte fünf Wochen in familiärer Obhut und einer anschließenden einmonatigen Reha, bis er wieder im Betrieb schrittweise aktiv werden konnte.

Erneut wurde ich intensiv beansprucht und es gab Momente, wo ich selbst nicht mehr weit von einem völligen Zusammenbruch entfernt war. Die Folgejahre brachten mir keine Erholung, aber allzu schlimme Ereignisse blieben mir eine Zeitlang bis zum Corona-Ausbruch erspart.

Die Pandemie beeinflusste alles verhee-
rend und gefährdete nicht nur unsere,
sondern die Existenz aller Mitarbeitenden, für die wir verantwortlich waren.

Immerhin betreiben wir nach wie vor drei
Filialen mit derzeit 14 Verkäuferinnen
und Personal in der Backstube.
Aber auch diese Krise überstanden wir
mit starkem Einsatz trotz Stunden der
Verzweiflung.

Resignation kam weiterhin nicht infrage.
Dank besonders hilfsbereiter und lieber
Menschen, von denen manche zu Freun-
den/innen wurden, konnte ich die Ereignisse überstehen.

War ich jemals wirklich glücklich und
sorglos? Ja, in meiner Kindheit liebte ich
die ausgelassenen Momente mit Lisbeth.

Das Rot-Kreuz-Feriencamp ist ebenso
unvergessen. Das war eine kurze, aber
wunderbare Zeit. Diese Wohltat verdanke
ich unserer damaligen lieben Nachbarin
Edeltraud. Aus der Nachbarschaft wurde
eine Freundschaft, die bis heute besteht.
Edeltraud telefonierte nach Karins Unfall
jede Woche mit mir und erkundigte sich
nach meiner Tochter. Edeltraud hielt
über Karins Tod hinaus zu mir und
wählte mich später auch als Patentante
ihrer Tochter Bettina aus und sie habe

ich zuvor gebeten, die Patenschaft für Jürgen zu übernehmen. Als Jürgen klein war, spielte sie oft mit ihm, was er sehr genoss.

Für glückliche Stunden sorgten meine Söhne, die mir auch als Erwachsene das Gefühl vermitteln, vieles richtig gemacht zu haben.

Ein beschauliches Dasein als Rentnerin kann ich mir aber nicht vorstellen. Ich brauche auch weiterhin Aufgaben und Herausforderungen. Nach wie vor stehe ich um 6 in der Früh auf und bin nicht vor 21 Uhr in der Wohnung. Meistens schlafe ich nach zehn Minuten vor dem Fernseher ein, um dann aus dem Sessel heraus gegen ein Uhr ins Bett zu gehen. Das Telefon ist dabei in Griffweite, damit ich in dringenden Angelegenheiten erreichbar bin, da unser Handwerk noch immer vor dem Morgengrauen beginnt. Natürlich muss sich jemand darum kümmern, wenn einer unserer Bäcker mit Problemen kämpft oder erkrankt und für eine Vertretung organisiert werden muss. Ruhe und keine Aufgaben erledigen zu müssen, ertrage ich nicht.

Oswald ergeht es genauso. Auch mit nunmehr 80 Lebensjahren sitzt er noch nicht im Schaukelstuhl. Nach wie vor sind wir gemeinsam in der Firma aktiv und ich weiß, das ist gut so.

Selbst die Routine, für zwölf oder mehr Personen zu kochen, kann ich nicht einfach ablegen.
Ich koche stets zu viele Portionen und freue mich darüber, Oswald, Jürgen, Melanie sowie Nick und Lilly zweimal pro Woche „bekochen" zu können.

Noch mitarbeiten zu können, im Firmenablauf meine Erfahrungen einzubringen und privat die Familie bewirten, zeigt mir, dass in meinem Leben nicht alles schief gelaufen ist und dass sich das Miteinander verändern kann. Bei uns spielen Religion und Herkunft keine Rolle. Die Zeiten körperlicher Züchtigungen oder sexuellen Missbrauchs im Beruf sind endgültig genauso vorbei wie die Epoche der furchterregenden Groß- und grausamer Schwiegermütter, zumindest bei uns zu Hause. Und unsere Mitarbeitenden in der Firma gehören gleichfalls zu uns.

Im Laufe der Jahrzehnte wurden wir von keiner Mitarbeiterin und keinem Mitarbeiter enttäuscht. Ganz im Gegenteil, sie unterstützten uns famos und in schweren Zeiten standen die Verkäuferinnen zu mir.

Dafür bin ich ihnen sehr dankbar. Das Tagesgeschäft ermöglicht es uns selten, mal ohne geschäftliche Hektik zusammen zu sein. Aber manchmal gelingt es uns, bei einem Glas Sekt über ganz andere Dinge zu plaudern und zu lachen.

Karins Tod werde ich jedoch niemals überwinden. Ich denke, das gelingt keiner Mutter, deren Kind viel zu früh sterben musste. Doch ich habe schmerzhaft gelernt, es zu akzeptieren.

Reich an Jahren und Lebensleistungen verpackte ich meine grausamsten, aber auch ein paar schöne Erinnerungen in diese Seiten und fühle mich von einer Last befreit.

Danke, dass du mein Buch gelesen und mir somit indirekt zugehört hast. Wenn dein Leben meinem ähneln sollte, möchte ich dir mit meiner Autobiografie sagen: Du bist nicht alleine! Bleibe trotz widriger oder schrecklicher Umstände neugierig und offen für Begegnungen. Niemals aufgeben und sei trotz schlimmer Phasen für andere da. Zuhören und etwas Gutes tun, ist auch für einen selbst sehr hilfreich.

Mein Leben mit dramatischen Schicksalsschlägen und allen Intrigen nebst dem ungesühnten Verbrechen an mir endlich einmal vollständig zu erzählen und als Buch herauszugeben, war mein großer Wunsch. Jürgen schenkte mir die Erfüllung zum 70. Geburtstag und dafür danke ich ihm von ganzem Herzen. Den Stoff für ein Buch zu erzählen ist das eine, das andere ist die Arbeit, es flüssig aufzuschreiben und den „Faden" nicht zu verlieren. Dank Jürgen bekam ich erfahrene Hilfe.

Ich bin in meinem Leben letztlich mehr netten, interessanten und hilfsbereiten Menschen begegnet als solchen, die den privaten Kriegspfad wählten. Ganz wichtig ist die Familie. Dort finde ich heute Halt und Beistand in allen Lebenslagen.

Epilog:

Lieber Jürgen, ich kann es nicht in Worte fassen, wie sehr mich dein Geschenk von meiner Last befreit hat. Tausend Dank lieber Sohn, von deiner Mama. (April 2023)

Nach der Fertigstellung des Buches fühle ich mich tatsächlich befreit.

Die Erinnerungen an Geschehenes lassen sich nicht auslöschen. Aber sich mitzuteilen, alles endlich einmal zu erzählen, wirkt sich überraschend hilfreich aus. Genau das war Jürgens Ziel, als er mir die Möglichkeit des Schreibens meiner Autobiografie zum Geschenk machte.

Verständlicherweise hatte ich keine Erfahrungen darin, ein Buch zu schreiben. Wo fange ich an? Wie drücke ich heikle und intime oder rechtlich relevante Passagen verständlich und nachvollziehbar aus, ohne dass der Text langweilig wird? Hierfür bekam ich dank Jürgen erfahrene Unterstützung.

Mein Dank gilt auch allen Menschen, die meinen Lebensweg gekreuzt und etwas Positives bewirkt haben.

Es ändert sich stetig etwas und es ist unsere Aufgabe, die neuen Wege und Dinge in die richtigen Bahnen zu lenken. Das geht nur miteinander und nicht gegeneinander.

Unsere Bäckerei erfüllt seit 1996 alle strengen Anforderungen für die Herkunfts- und Qualitätsurkunde Baden-Württembergs. Bei uns werden nur regional angebaute Lebensmittel aus der Heimat verwendet.

Wir wissen unser Familienunternehmen in guten Händen. Klaus ist ein ausgezeichneter Bäckermeister, der uns damit ein großes Geschenk macht. Während der umfangreichen Baumaßnahmen hat Klaus die obere Wohnung nach seinen Vorstellungen gestaltet und wohnt dort mit seiner Familie. Am 20. September 2002 kam unsere Enkelin Johanna und Amelie am 6. Januar 2004 zur Welt.
Stefan lebte von 1997 bis 2010 in Italien und fand seine Erfüllung zunächst als Steinmetz. Am 21. April 1999 erblickte sein Sohn Lukas und am 11. März 2001 Tochter Lisa das Licht der Welt. Im Jahr 2010 zog es die junge Familie in die

Heimat zurück und praktischerweise übernahmen sie mein altes Elternhaus in Auggen, wo nach Max auch sein zweiter Spross Theo geboren wurde.

Stefan arbeitet nicht mehr als Steinmetz, sondern geht ganz und gar im Sport auf. Er unterrichtet Sport an einer Schule, gibt Tennisunterricht und bietet Ball-schul-Kurse für Kinder an. Damit ist er glücklich und zufrieden. Für uns Groß-eltern ist das natürlich toll: Alle Kinder und Enkel/ innen leben in unmittelbarer Nähe, Klaus' mit seiner Familie sogar direkt über uns.

Jürgen betreibt einen florierenden Online -Handel in der Auto-Tuning-Branche mit mehreren Team-Mitgliedern. 2015 heira-tete er seine auserkorene Traumfrau Melanie und ist selbst Vater von zwei fantastischen Kindern. Lilly und Nick heißen die beiden, die ich wie alle meine Enkelkinder über alles liebe.

Oswald wurde am 14. August 2022 achtzig Jahre alt. Zusammen mit der vielzähligen Familie, Freunden und Be-kannten sowie mit unserem Personal haben wir seinen Geburtstag wundervoll „zünftig" gefeiert. Gesundheitlich geht es ihm Gott sei Dank wieder gut und er ist weiterhin im Betrieb, insbesondere in der

Kundenbetreuung aktiv und hält die Geräte sowie Maschinen instand.

Mittwochnachmittags hat er frei und geht schwimmen, anschließend genießt er eine Physiobehandlung. Auf Skifahren jedoch muss er verzichten, das habe ich ihm verboten. Meine Zeit als hausinterne Krankenschwester muss auch mal ein Ende haben.

Da er Ski wie Auto ohne Geschwindigkeitsgrenzen fährt, ist das „Verbot" zweifelsfrei angebracht. Ferien gab es weiterhin nur selten. Vereinzelt haben Oswald und ich mal ein verlängertes Wochenende außerhalb eingerichtet oder für zwei Tage Bekannte besucht. In den vergangenen vier Jahren sind wir mit Jürgen, seiner Frau Melanie nebst Lilly und 2022 sogar mit Nick im Winterurlaub gewesen. Was für ein Spaß im Schnee, ganz wunderbar - obwohl ich kein Ski-Comeback hatte. Dieses Kapitel wurde von mir damals endgültig geschlossen.

Weitere Bilder, das eBook dieses Werkes und ein SWR Beitrag im Fernsehen, in dem ich mitwirken durfte, biete ich auf meiner eigenen Internetseite an:

www.erikaebner.de

Stammbaum Familie Ebner mit allen, im Buch genannten Personen:

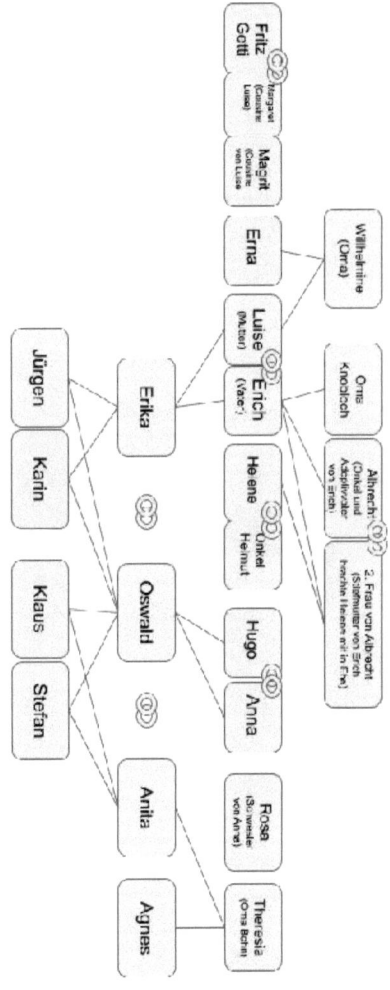

Gestern und heute:

Fakten zu den Epochen 1950 -2020
Frauenrechte und Gleichberechtigung:

Ab 1958 trat das erste, ernsthafte „Gleichberechtigungsgesetz" in Kraft.
Nun durften Frauen den Führerschein machen und selbstständig ein Auto fahren.

Dennoch war es Frauen aufgrund des Ehegesetzes in der BRD bis 1977 verboten, ohne Genehmigung des Ehemannes zu arbeiten.
Gesetzlich vorgeschrieben mussten sie ihren Ehemännern gehorchen, die Hausarbeit machen, Kinder gebären und aufziehen. Der Mann hatte keine derartigen Verpflichtungen. Frauen waren somit der Willkür ihrer Ehemänner ausgeliefert.

Erst mit Eintritt der „Reform für Ehe und Familienrecht im Jahr 1977 erhielten Frauen weiterführende Familien- und Rechte in der Ehe.

Ehemänner durften das Arbeitsverhältnis ihrer Frau nicht mehr kündigen.
Außerdem haben Frauen im Fall einer Scheidung nun Anspruch auf einen Teil des in der Ehe erworbenen Besitzes.

Die körperliche Unversehrtheit wurde jedoch erst durch die Anerkennung des Straftatbestands „Vergewaltigung in der Ehe" im neuen Jahrtausend festgelegt.

In der DDR waren Frauen und Männer in jeder Hinsicht gleichberechtigt. Frauen benötigten keine Einwilligung von ihren Ehemännern um arbeiten oder ein Auto fahren zu dürfen, und nicht selten gab es weibliche Führungskräfte.

„Ich denke nicht an all das Elend,
sondern an die Schönheit, die bleibt."
Anne Frank